Comentarios y sugerencias: editor@fce.com.mx

SECCIÓN DE OBRAS DE EDUCACIÓN Y PEDAGOGÍA

PIAGET HOY

Traducción de
AURELIA SHAJNA ÁLVAREZ URBAJTEL

MICHEL PERRAUDEAU

PIAGET HOY
Respuestas a una controversia

FONDO DE CULTURA ECONÓMICA
MÉXICO

Primera edición en francés, 1996
Primera edición en español, 1999
Primera reimpresión, 2001

Título original:
Piaget aujourd'hui. Réponses à une controverse
D. R. © 1996, Armand Colin Publisher, París
ISBN 2-200-01438-4

D. R. © 1999, Fondo de Cultura Económica
Carretera Picacho-Ajusco 227; 14200 México, D. F.
www.fce.com.mx

ISBN 968-16-5850-7

Impreso en México

Para mis hijos

La acción sólo se vuelve eficaz con la participación concreta y espontánea del niño, de sus titubeos, de esa pretendida "pérdida de tiempo" que de hecho es necesaria. Por lo tanto, es indispensable que el niño disponga de materiales concretos y no simplemente de imágenes, que elabore su hipótesis, que la verifique (o no); en suma, todo debe hacerse a través de su propia manipulación activa. La simple observación de la actividad del otro, incluyendo la del maestro, de ningún modo basta para formar nuevos esquemas operativos en el niño.

JEAN PIAGET, 1976

BC	*Biologie et connaissance* (1967)
CME	*Le comportement moteur de l'évolution* (1976)
CP	*La causalité physique chez l'enfant* 1927)
CR	*La construction du réel chez l'enfant* (1937)
CRN	*Classes, relations et nombres* (1942)
DQ	*Le développement des quantités physiques chez l'enfant* (1941)
EEG	*Études d'épistémologie génétique* (tomos I al XXXVII)
EG	*Introduction à l'épistémologie génétique* (1950), tres volúmenes
ELO	*Essai de logique opératoire* (edición revisada de TL) (1972)
EP	*L'épistémologie génétique* (1970)
ES	*Études sociologiques* (1965) (cuatro artículos entre 1941 y 1950)
FED	*Les formes élémentaires de la dialectique* (1980)
FS	*La formation du symbole chez l'enfant* (1945)
GN	*La genèse du nombre chez l'enfant* (1941)
GS	*La géometrie spontanée chez l'enfant* (1948)
GSL	*La genèse des structures élémentaires* (1959)
IH	*La genèse de l' idée de hasard chez l'enfant* (1951)
IMM	*L'image mentale chez l'enfant* (1966)
JM	*Le jugement moral chez l'enfant* (1932)
JR	*Le jugement et le raisonnement chez l'enfant* (1924)
LC	*Logique et connaissance scientifique* (1967)
LEA	*De la logique de l'enfant à la logique de l'adolescent* (1955)
LP	*Le langage et la pensée chez l'enfant* (1923)
MI	*Mémoire et intelligence* (1968)
MP	*Les mécanismes perceptifs* (1961) (artículos entre 1942 y 1964)
MV	*Les notions de mouvement et de vitesse chez l'enfant* (1946)
NI	*La naissance et l'intelligence chez l'enfant* (1936)
NT	*Le développement de la notion de temps chez l'enfant* (1946)
P	*Psychologie* (Pléiade) (1987)
PC	*La prise de conscience* (1974)
PE	*La psychologie chez l'enfant* (1966)
PEP	*Psychologie et épistémologie* (1970) (cinco artículos entre 1947 y 1966)

PHC *Psychogenèse et histoire des sciences* (1983)
PI   *La psychologie de l'intelligence* (1947)
PN   *Le possible et le nécessaire* (1981, 1983) (dos volúmenes)
PP   *Psychologie et pédagogie* (1969) (dos artículos entre 1935 y 1965)
PPG *Problèmes de psychologie génétique* (1972) (nueve artículos entre 1954 y 1971)
RC   *Réussir et comprendre* (1974)
RE   *La représentation de l'espace chez l'enfant* (1948)
RM   *La représentation du monde chez l'enfant* (1926)
SIP *Sagesses et illusions de la philosophie* (1965)
SP   *Six études de psychologie* (1964) (seis artículos entre 1940 y (1964)
ST   *Le structuralisme* (1968)
TL   *Traité de logique* (1949)
TOL *Essai sur la transformation des opérations logiques* (1952)
TPE *Traité de psychologie expérimentale* (1963-1965) (ocho volúmenes)

Artículos y obras con o acerca de Piaget

EU   "Jean Piaget", P. Gréco, París, *Encyclopædia Universalis*, Corpus 18, pp. 295-298, 1989.
CLP *Conversations libres avec Jean Piaget*, L.-C. Bringuier, París, Laffont, 1977.
PAE *Piaget à l'école*, M. Schwebel y J. Raph, París, Denoèl/Gonthier, 1976
TLA *Théories du langage, théories de l'apprentissage*, París, Seuil/ Points, 1979
BPI *Jean Piaget, bibliographie et parcours intellectuel*, J.-J. Ducret, Neuchâtel y París, Delachaux y Niestlé, 1990.

La lista de las publicaciones no es exhaustiva; recoge las obras esenciales. Las siglas corresponden a las que empleó el mismo Piaget; la fecha indica la primera edición. Se excluyen de la lista los artículos (salvo los que se reúnen en un volumen) y las publicaciones en lengua extranjera.

INTRODUCCIÓN

Piaget construyó un sistema con una sólida arquitectura: la epistemología, divorciada de las visiones empiristas y maduracionistas. En el interior de este sistema el problema del desarrollo intelectual del niño se inscribe con una gran coherencia teórica. Nuestro proyecto es presentar, en cuatro partes sintéticas, sus aspectos principales.

El *capítulo inicial* presenta al hombre y recuerda la obra de modo global. Muestra que muchas ideas comunes acerca de las tesis piagetianas son erróneas.

El *segundo capítulo* aborda los conceptos masivos, el corazón del sistema. Trata el considerable aporte teórico, presenta los puntos de discusión y de polémica, así como las obras de los continuadores. Establece puentes entre distintas concepciones, las cuales resultan casi siempre complementarias, más que opuestas.

El *tercer capítulo* está orientado hacia la actualidad del pensamiento de Piaget en torno a cuatro polos vinculados de modo más directo con la didáctica: la interacción, el inconsciente cognitivo, la representación espacio-temporal, la lógica. Se trata de abrir pistas de reflexión a partir de la diversidad de sus obras. Varios cuadros sinópticos relacionan la construcción ontogenética y los programas oficiales de los tres ciclos. Se exponen también las investigaciones de psicólogos piagetianos, que elaboran procedimientos de remediación como respuesta a las crecientes dificultades escolares.

Un *glosario* importante cierra el libro. Reúne las definiciones, sencillas y acompañadas de ejemplos, de las setenta nociones clave del constructivismo.

Este libro no constituye un "retorno a Piaget", y se opone a una animada tendencia de movimientos centrípetos que edifican una especie de piagetocentrismo anticuado. Nuestro proyecto tampoco apunta a definir nuevas normas didácticas.

Todo esto sería vano. Por lo demás, no existe una pedagogía piagetiana; Piaget no fue pedagogo, y tampoco podríamos adoptar la postura del discípulo. No consideramos su pensamiento como un sistema cerrado, como un referente de culto, cristalizado en el tiempo. Por el contrario, nos parece una herramienta de dilucidación de lo real, difundida a las investigaciones de los continuadores. La aparente ecuanimidad de su reflexión, amplia y estable, marcada por orientaciones conceptuales (asimilación, acomodo, equilibrio. . .) no hace olvidar el carácter intempestivo de sus obras. Él trastornó las modas de entonces, llámense conductismo o positivismo, al afirmar que "el instrumento de conocimiento no es la percepción [. . .] sino la acción misma, con su plasticidad mucho mayor" (1970, p. 12). Los debates que surgieron explican por qué la teoría piagetiana es a menudo reducida y deformada.

Si bien el pensamiento de Piaget se opone a las concepciones "artríticas", su implicación pedagógica requiere algunos ajustes. La historia de la enseñanza, por sus propias contingencias, estuvo marcada por saltos bruscos entre determinismo y fatalidad. Determinismo regido por la opción innatista, que santifica la excelencia y condena lo que no depende de ella. Fatalidad del empirismo, que considera el conocimiento como una colección de elementos observables, sobre la cual el sujeto influye poco. Piaget irrumpió de modo oficial con la idea radicalmente sencilla de que actuar sobre el mundo permite conocerlo, hacerlo propio, y que por consiguiente le permite al individuo conocerse. Hace a un lado la tentación especulativa y considera la confrontación con la realidad a través del método experimental. Así, se dedicó a definir una epistemología global, y no psicologías particulares. Evaluaba la importancia innovadora de ese punto de vista. "Tengo la convicción —ilusoria o fundada y sólo cuyo porvenir mostrará su parte de verdad o de simple tenacidad orgullosa— de haber despejado un esqueleto general", escribe en los *Archives de Psychologie*, en 1976. También sabía que sus investigaciones estaban destinadas a ser discutidas y prolongadas en ramificaciones numerosas y diversas. Pensaba, no sin razón, que más allá de oposiciones y de cuestionamientos naturales, llegarían los tiempos de las agrupaciones teóricas en torno a conceptos sólidos definidos por él, y que nuevos ejes de investigación las enriquecerían de modo fructífero.

Es evidente que nuestro modesto proyecto de ningún modo pretende comentar una obra enriquecida con un centenar de publicaciones. La exégesis no es nuestro objetivo. En cambio, nos pareció instructivo poner en perspectiva a la epistemología, que estudia el desarrollo, y a la didáctica, que se dedica al aprendizaje. El aspecto más oficial de la didáctica está representado por el conjunto de las nuevas orientaciones. No es seguro que todos los actores del sistema educativo hayan medido un hecho esencial: la ley de orientación de 1989 no se reduce a una forma cosmética. Hoy, el saber existe, difuso y proteiforme. Los niños lo acumulan a partir de fuentes de información desperdigadas. Más que elegir, padecen; a veces acumulan conocimientos desorganizados, sin distinción y a menudo sin jerarquía. La escuela primaria ya no busca reproducir el saber ni acumular los datos. Necesita estructurar las informaciones provenientes de diversos orígenes, con una estructuración mental individual y organizada en los intercambios interactivos.

En tiempos de turbulencia y de fragilidad, más que en la vida ordinaria, la misión de la escuela busca desarrollar el pensamiento racional y el sentido crítico. La epistemología piagetiana es una valiosa herramienta que puede enriquecerlos a diario.

I. PIAGET, ALGUNAS REFERENCIAS

EL PIAGET que se conoce es, en realidad, un Piaget desconocido. Su proyecto, considerable, consiste en definir una nueva teoría del conocimiento. Empleó para ello la experimentación y la confrontación científicas, iniciando una ruptura con los métodos de investigación tradicionales: la reflexión y la metafísica. Para entender mejor el sentido de su método es útil anotar indicaciones importantes en términos biográficos y bibliográficos, y dar algunos elementos de su itinerario intelectual.

Piaget es el autor de una obra imponente que, según las épocas, las modas, las elecciones institucionales, crea consenso o permanece como objeto de vivas críticas. Es verdad que algunos textos del epistemólogo pueden presentar dificultades reales. La complejidad y la diversidad llevan a reducir la obra piagetiana, aparentemente para circunscribirla mejor; una reducción a menudo cercana a la deformación. El ejemplo de las etapas del desarrollo de la inteligencia es típico de los avatares que padecieron ciertos conceptos constructivistas.

REFERENCIAS BIBLIOGRÁFICAS

Años de juventud (1896-1919)

Jean Piaget nació en Neuchâtel el 9 de agosto de 1896. Fue el mayor de tres hijos (Madeleine y Marthe nacieron en 1899 y 1902, respectivamente). Su padre, autor de una tesis sobre literatura medieval, fue el historiador del cantón de Neuchâtel, y ocupó el puesto de director de los archivos. Jean recibió tanto la influencia del padre, trabajador y riguroso, como la de su madre, a la que en varias ocasiones presentó como una mujer neurótica.

Realizó brillantes estudios en Neuchâtel. Al parecer, desde muy joven halló en los estudios y en la investigación una escapatoria ante la inestabilidad materna. Su primer artículo —la observación de un gorrión albino— es de 1907. Jean Piaget tenía 11 años. Desde entonces se apasionó por la historia natural, solicitó y obtuvo el permiso del director del museo de la ciudad para frecuentarlo una vez por semana y poner orden en sus colecciones. Su ingreso formal a la carrera de biología estuvo marcado por la publicación, en 1912, de un largo artículo sobre "Las limneas de los lagos de Neuchâtel, Bienne, Morat y los alrededores". Se trata de moluscos de agua dulce que viven en los lagos suizos. En aquella época su padrino, "un literato sin hijos a quien yo le interesaba" (SIP, p. 11),[1] le hizo leer a Bergson; la seducción opera, sin embargo pronto se atempera. El método adoptado por el joven Piaget durante las primeras investigaciones biológicas era muy distinto del método intuitivo de Bergson.

El año de 1918 fue el de la publicación de *Recherche*, especie de novela filosófica en la que se imponía la interrogación religiosa. También en ese año obtuvo su doctorado en ciencias naturales. Su obra futura se vería profundamente marcada por esos años de juventud, y él se obstinaría siempre en demostrar con los hechos, científicamente, sus observaciones psicológicas y sociológicas. Éste era un método nuevo, pues hasta entonces sólo la reflexión servía de demostración. Según Jean-Jacques Ducret, su biógrafo, Piaget dirigió su curiosidad hacia el triple problema del que se ocupa la filosofía occidental: lo bello, lo bueno, lo verdadero. Si bien no escribió mucho sobre lo bello —un componente estético—, lo bueno, como expresión de la moral, dio pie "a investigaciones y escritos que continúan hasta los años cuarenta" (BIP, p. 40). Era sobre todo lo verdadero —objeto de la lógica, expresión del conocimiento— lo que constituía el núcleo de su futuro trabajo.

En 1918, en Zurich, recibió formación en psicología experimental. Conoció a varias personalidades, como el psicoanalista Jung; también a Bleuler, el primero en definir el concepto de ambivalencia. Sin embargo, desde 1919 parecía deseoso de ir a París, una ciudad en la que el clima intelectual, más

---

[1] Todas las obras de Piaget, lo mismo que algunos títulos acerca de sus textos, aparecen con siglas. Al inicio de esta obra se proporciona una lista de los títulos y de las abreviaturas. En la bibliografía aparece una lista cronológica.

diversificado, convenía más a sus intereses. Descubrió en particular dos disciplinas que le interesaban mucho: la lógica formal y los trabajos relativos a la inteligencia del niño. En el marco de un estudio, en el laboratorio de Alfred Binet, tuvo la oportunidad de interrogar a unos alumnos de escuelas parisinas.

"Tuve la suerte [. . .] de que me encargaran un trabajo que en principio apuntaba a realizar pruebas de inteligencia, pero que, de hecho, permitía analizar los diferentes niveles de la lógica de las clases y de las relaciones en el niño" (SIP, p. 18). Reconocía que nació entonces su deseo de entender mejor por qué el razonamiento del niño es tan distinto del razonamiento del adulto y plantea "dificultades insospechadas hasta ahora".

Realizó un tipo de entrevista que rompía con los métodos vigentes, sobre todo el de las pruebas, permitiendo que el niño, al releer y solicitar explicaciones, se impregnara con el problema planteado. Posteriormente remodelaría ese mismo método, pues le parecería que otorgaba demasiada importancia al mero enunciado verbal. Piaget preferiría darle al niño la posibilidad de actuar con manipulaciones simples. Así se fue elaborando paulatinamente lo que se convertiría en el método clínico, método científico que depende de la constatación objetivada, la cual rompe con el método especulativo que sólo depende de la opinión.

Primeros textos (1920-1932)

Piaget redactó tres artículos en torno a su experiencia parisina, uno de los cuales le llamó la atención a Édouard Claparède, director del Instituto Jean-Jacques Rousseau, quien le propuso que lo acompañara como coordinador de investigaciones. En 1920 Jean Piaget se instaló en Ginebra y se dedicó de lleno al estudio del pensamiento infantil.

Las investigaciones dieron pie al nacimiento de las primeras obras: *Le langage et la pensée chez l'enfant*, en 1923, *Le critère et le raisonnement chez l'enfant*, que se publicó en 1924, *La représentation du monde chez l'enfant*, en 1926, y *La causalité physique chez l'enfant*, en 1927. Finalmente, el último libro integrado a ese periodo de investigaciones es *Le critère moral chez l'enfant*, publicado en 1932.

La originalidad de las publicaciones se debe a tres factores. Por una parte, Piaget muestra que el pensamiento del niño difiere del pensamiento del adulto. Al hacer esto, ingresa en una corriente de la que Rousseau fue un ilustre representante. Por otra parte, su originalidad también se debe al hecho de que, por primera vez, se bosqueja un verdadero panorama de lo que constituye un mundo desconocido para el adulto. El universo infantil se presenta en sus manifestaciones intelectuales más diversas: lenguaje, razonamiento, representación del mundo, moral. Para definir este pensamiento, tan distinto del adulto, Piaget insiste en una característica esencial: la ausencia de reversibilidad en el niño pequeño. El tercer punto innovador es el del método, que modifica la práctica de aquella época, basada en pruebas y que separaba al experimentador del sujeto. Practicó una observación activa, un verdadero intercambio verbal que facilita la dilucidación y le permite al niño expresar completamente sus conocimientos. Prefería la empatía de la conversación clínica a la fría distancia del cuestionario. Concebido de ese modo, el método le da flexibilidad a la interacción y confianza al niño interrogado. Después de lo cual Piaget no se conforma con comunicar sus observaciones, sino que las interpreta, las analiza, y así elabora los fundamentos de un sistema que adquirirá una considerable amplitud a lo largo de los años.

Piaget se volvió famoso de inmediato. Sus obras fueron traducidas y muy bien recibidas en todas partes. En 1925 enseñaba psicología, filosofía de las ciencias y sociología en Neuchâtel, mientras que en Ginebra impartía un curso de psicología infantil. En 1929 fue nombrado catedrático de historia del pensamiento científico en la facultad de ciencias de Ginebra, y cubría las funciones de director adjunto del Instituto Jean-Jacques Rousseau. Ese mismo año se lo designó director de la Oficina Internacional de Educación. No se puede olvidar que en ese periodo contrajo matrimonio con Valentine Châtenay, con quien tendría tres hijos: Jacqueline (1925), Lucienne (1927) y Laurent (1931). Estos datos familiares habrían de cobrar importancia en sus futuras investigaciones.

Las fuentes de la inteligencia (1932-1945)

A partir de la observación de sus tres hijos Jean Piaget estudiaría las distintas manifestaciones de la inteligencia infantil. "Desde hace unos años me [. . .] dedico a recoger las palabras espontáneas de mis propios hijos, sin haberles hecho nunca las preguntas estudiadas en *La représentation du monde chez l'enfant* o en *La causalité physique*", escribió en 1932. . . Esas notas le permitirían definir lo que llamaba "las fuentes sensomotrices del desarrollo". La observación de su hija Jacqueline, confirmada por la de sus otros hijos, le permitió al psicólogo ginebrino mostrar que el desarrollo motor del bebé sigue un camino paralelo a su desarrollo mental. Piaget expuso los conceptos explicativos de equilibración, de asimilación y de acomodo.

De esas observaciones familiares infirió la idea de las etapas de desarrollo de la inteligencia, desde el puro reflejo hasta la coordinación interiorizada de los esquemas motores. Las publicaciones de ese periodo que resumen esas investigaciones son *La genèse de l'intelligence chez l'enfant*, en 1936, *La construction du réel*, al año siguiente, y *La formation du symbole*, en 1945. Desde entonces los conceptos de asimilación y de acomodo se encuentran instalados en el centro del método empleado para entender el comportamiento del niño. La asimilación es la integración de un elemento de la realidad a la gama de los esquemas ya construidos por el niño. El acomodo es la modificación de los esquemas ya construidos o la creación de esquemas completamente nuevos. Piaget dice: "el acomodo está determinado por el objeto, mientras que la asimilación está determinada por el sujeto" (CLP, p. 70).

Las investigaciones continuaron con el estudio de la acción del pequeño sobre el mundo de los objetos, de las personas y sobre sus interacciones. Construyó el espacio y el tiempo. Descubrió la causalidad. Piaget despejó varias etapas, como en el caso de la inteligencia. Las distintas etapas, sintetizadas a partir del estudio desarrollado por Jean-Jacques Ducret *(op. cit.)* y puestas en paralelo, pueden entenderse como sigue:

En 1940, al fallecer Édouard Claparède, Piaget asumió la dirección del Laboratorio de Psicología en Ginebra.

CUADRO I.1. *Inteligencia y construcción del espacio en el bebé*

Etapa de la inteligencia del bebé		Etapa de la construcción espacial	
Características	*Ejemplos*	*Características*	*Ejemplos*
1. Etapa del puro reflejo	El bebé tantea	1. y 2. Construcción de relaciones espaciales yuxtapuestas y no coordinadas	Son los movimientos de la cabeza del bebé que busca el biberón
2. Primeros hábitos adquiridos			
3. Reacciones circulares secundarias	El bebé se interesa por el ruido de la sonaja	3. Coordinación de los movimientos	El bebé observa las diversas rotaciones que le imprime al biberón
4. Coordinación de varios esquemas	El bebé rechaza un objeto para mirar otro	4. El objeto es pensado en un espacio global	El bebé juega a buscar y a ocultar los objetos
5. Reacciones circulares terciarias	El bebé modifica sus comportamientos	5. y 6. Interrelación entre los objetos realmente desplazados, y los desplazados después como representación	Jacqueline ve que desaparece una pelota debajo del canapé. Rodea el obstáculo, sabiendo que encontrará la pelota en un lugar determinado
6. Coordinación mental de los esquemas			

El pensamiento operativo (1941-1951)

Las investigaciones de Piaget se encadenan, de modo natural, del pensamiento sensomotor al pensamiento operativo, con la integración de mecanismos lógicos. Las operaciones resultantes son de dos tipos: las infralógicas y las lógico-matemáticas.

Las primeras, llamadas infralógicas, se refieren al conocimiento de los objetos, al conocimiento del mundo en sus aspectos de causalidad, de representación del espacio y del tiempo. Estos puntos de referencia son categorías de pensamiento fundamentales que se construyen a partir de una abstracción simple. Piaget dedicó dos trabajos importantes a estos problemas: *Le développement de la notion de temps chez l'enfant*, en 1946, y *La représentation de l'espace chez l'enfant*, en 1948.

La segunda categoría de operaciones constituye el terreno lógico-matemático. Al revés de las infralógicas, que se refieren al objeto, las operaciones lógico-matemáticas tienen que ver con las relaciones entre los objetos. Se trata de las clasificaciones, de los seriamientos, de las imbricaciones de clases, de la enumeración. En el enfoque piagetiano la lógica no es un estado. Es un proceso y se construye etapa por etapa. Jean Piaget, en 1949, le dedicó a este problema una obra, *Traité de logique*, que modificó y que en 1972 convirtió en el *Essai de logique opératoire*. Para sintetizar su tema, recordemos que la lógica se elabora a lo largo de varios niveles. El primero es el de la lógica elemental de las clases y de las relaciones. En el seno de las estructuras de relaciones se distinguen varios niveles: la transitividad simple, doble o generalizada. Es, por ejemplo, ordenar tres elementos que reciben una comparación entre dos términos, como en el ejercicio clásico: "Juan es más grande que Ana, Ana es más grande que Alejandro. ¿Cuál es el más chico de los tres?" El nivel superior, tal como lo define Piaget, es el de la lógica de las proposiciones, que recurre a la capacidad hipotético-deductiva y al empleo correcto de las relaciones de proporcionalidad. Notemos que si la construcción de la lógica en el niño es objeto de investigación, se emplea la herramienta intelectual que constituye la lógica formal para comprender las etapas del pensamiento infantil.

Como se advierte, Piaget maneja un estudio del pensamiento del niño que rompe con las prácticas anteriores, exclusivamente pasivas y poco explicativas. Se interesó primero en el fundamento sensomotor, luego en el problema de la forma que adquieren las operaciones, a las que llamó estructuras, para llegar a los mecanismos de desarrollo. Con ese propósito introdujo nuevos conceptos como la asimilación y el acomodo, que permiten entender los estados de equilibramiento.

Desde un punto de vista profesional, además de sus diversas enseñanzas en Suiza, Piaget dio cursos en Francia en 1942. Éstos, que constituyeron una síntesis de sus trabajos de esa época, se publicaron cinco años más tarde con el título *La psychologie de l'intelligence.*

La epistemología genética (a partir de 1950)

Si bien no fue el primero en emplear el término —piénsese en Meyerson o en el estadunidense Baldwin—, Piaget, sin embargo, le dio un nuevo sentido a la epistemología, que se desprende del enfoque filosófico en la medida en que quiere ser un método científico. Tampoco es filosofía de las ciencias únicamente, sino que se convierte en una vasta teoría del conocimiento. El carácter "genético" otorgado a la epistemología indica que la perspectiva de estudio del conocimiento se sitúa en el centro de los procesos de incremento. Al definir esta nueva disciplina, Piaget la convierte en el pivote de toda su investigación. La epistemología, ciencia de pleno derecho, se sustenta en la investigación interdisciplinaria: biología, lógica, cibernética, matemáticas, psicología, física. . . Como lo subraya Jean-Jacques Ducret, "La psicología a la que dedicó la mayor parte de sus investigaciones no es más que el instrumento, ciertamente privilegiado, de esa disciplina autónoma que es la epistemología genética" (*op. cit.*, p. 75). Todo el trabajo anterior lo llevó a redactar un conjunto que aparece en 1950. Piaget publicó mil páginas repartidas en tres volúmenes, titulados *Introduction à l'épistémologie génétique.* El primer tomo se refiere al pensamiento matemático, el segundo al pensamiento físico, el tercero a los pensamientos biológico, psicológico y sociológico. Piaget, a partir de entonces, se afirma como epistemólogo.[2] Ya presente en cierto número de textos y de artículos previos (1924 y 1929, sobre todo), la pregunta que se plantea es una clara formulación del proyecto piagetiano: "¿Cómo se incrementan los conocimientos?" Nos parece que dos obras incluyen esta reflexión. Abordan este amplio problema al proponer, una de ellas, un panorama completo de la pregunta, y la otra una breve síntesis. La primera, *Logique et connaissance cientifique*, se publicó en 1967 en la colección La Pléiade. Piaget dirigió su redacción, en la que participaron unos veinte colaboradores de prestigio (como Pierre Gréco, Seymour Papert, creador del lenguaje informático Logo, el matemático Benoît Mandelbrot, creador de los "fractales", los lógicos Grize y Apostel, etc.). Esta obra de consulta sigue siendo el acto fundador de una epistemología constructivista. El segundo título es un opúsculo de divulgación particularmente sintético, publicado en 1970 en la colección Que sais-je?: *L'épistémologie génétique*.

En ambas obras Piaget precisa la naturaleza del constructivismo. Se opone a dos grandes teorías filosóficas. La primera corresponde al principio según el cual el conocimiento está predeterminado en el seno de las estructuras internas del niño. Esta concepción endógena se encuentra en el innatismo. La maduración es considerada como motor esencial del desarrollo. La enseñanza se reduce a la aplicación de técnicas de surgimiento del saber oculto; es el modelo de la mayéutica de Sócrates. La segunda postura teórica plantea que el conocimiento está predeterminado en el objeto mismo, que es el único en informar al sujeto. Esta concepción exógena está ilustrada por el empirismo y el positivismo.

El objeto de la epistemología, tal como lo considera Piaget, es "intentar extraer las raíces de las diversas variedades de conocimientos desde sus formas más elementales, y seguir su desarrollo en los niveles posteriores, hasta el pensamiento científico inclusive" (EP, p. 6). Lo que permite su apropiación

---

[2] Declara, en una entrevista para *L'Express*, en 1968 (núm. 911): "Si yo fuera psicólogo me habría dedicado a los juegos simbólicos, a la afectividad. Pero soy epistemólogo, mi terreno es el del conocimiento".

por medio de la construcción no es la maduración, como pensaban los innatistas, ni la percepción, como en la visión positivista, sino la acción sobre el objeto. A partir de entonces el estudio de los mecanismos constructores delinea la perspectiva de investigación del científico suizo y de sus colaboradores. Bärbel Inhelder presenta esta dirección de modo sintético en el artículo "Des structures aux processus", que aparece en la obra codirigida por Piaget y publicada después de su muerte: *Psychologie* (1987).

El carácter constructivo de la reflexión y la conciencia de las propiedades de la acción por parte del niño son el núcleo de dos libros importantes, menos conocidos: *La conscience* y *Réussir et comprendre*, publicados en 1974. Notemos también que durante las últimas investigaciones realizadas por Jean Piaget se desprenden nuevas direcciones. Una de ellas es la noción de inhibición cognitiva. Ya planteada en el artículo de 1971 "Inconscient affectif et inconscient cognitif" (PPG), esta idea se retoma y se desarrolla con el ejemplo del niño que, para alcanzar un objetivo con una piedra lanzada por medio de una resortera, realiza correctamente el protocolo gestual, pero no es capaz de explicarlo racionalmente. Tendremos la oportunidad de volver sobre este aspecto menos conocido de sus trabajos.

Si bien no podemos ser exhaustivos, tenemos que completar la presentación mencionando los trabajos emprendidos hacia 1965, en torno a la imagen mental y la memoria. Piaget concluye que la imagen mental no es sólo copia de la realidad, como tampoco los recuerdos se resumen en la acumulación de informaciones. Su papel es más dinámico.

Concluyamos este panorama con unas palabras acerca del Centro Internacional de Epistemología Genética. Creada en 1955, esta institución se propuso emprender ciertas investigaciones y reunir a especialistas competentes de diversas disciplinas. "Los inicios no fueron fáciles [. . .] se necesitaron varios meses para que lográramos entendernos, especialmente entre lógicos y psicólogos" (SIP, p. 46). El centro publicó el conjunto de las investigaciones en una revista teórica de gran rigor científico, *Études d'Épistémologie génétique* (EEG), a lo largo de 37 números.

CUADRO I.2. *Jean Piaget. Elementos biográficos y bibliográficos*

Periodos	Actividades profesionales	Publicaciones principales	Direcciones de investigación
1907-1911	Estudios en Neuchâtel	Artículos en el *Rameau de Sapin* (revista local)	Frecuenta el Museo de Historia Natural de Neuchâtel
1912-1917		Textos de zoología (relativos a los moluscos)	
1918-1920	Estudios en Zurich y en París. Colabora para los trabajos de Théodore Simon	Artículos sobre el pensamiento del niño	Primeros ajustes del método clínico empleado en las entrevistas con los niños
1920-1932	Instituto J.-J. Rousseau de Ginebra. Facultad de Ciencias. Dirección de la Oficina Internacional de Educación	LP-JR-RM-CP-JM	Investigaciones sobre los aspectos verbales, sobre el criterio y la representación del mundo en el niño
1932-1945	Enseña sociología (Ginebra). Asume la dirección del laboratorio de psicología	NI-CR-FS	Estudios de las fuentes sensomotrices del desarrollo de la inteligencia
1941-1951	Conferencias en el Colegio de Francia, 1942	NT-RE-PI-TL	Elaboración de sistemas operativos (operaciones infralógicas y lógico-matemáticas).
A partir de 1950	Creación del Centro Internacional de Epistemología Genética. 1955	SIP-LC-EP-PC-RC-P-PN (2 vols)	Investigaciones centradas en el incremento de los conocimientos, el aprendizaje operativo y los mecanismos constructores de conocimiento; así, lo real se entiende como enriquecido con posibilidades y subordinado a lo necesario

Piaget falleció en Ginebra el 16 de septiembre de 1980. Estaba trabajando sobre nuevos temas que enriquecían el estudio de los mecanismos constructores del pensamiento. En 1981 y en 1983 se publicaron, bajo la égida de Bärbel Inhelder, los dos tomos de *Le possible et le nécessaire,* y en 1987 apareció, en la colección La Pléiade, el grueso volumen *Psychologie,* redactado en colaboración.

¿Es legible Piaget?

Al preguntar: ¿es legible Piaget?, algunos lectores escuchan su propia respuesta: *Piaget es ilegible.* Dicen, con justa razón, que sus escritos son tan complejos como ricos. Por lo tanto, son inaccesibles. Jean-Jacques Ducret estima que el número de publicaciones asciende a 700 (artículos, libros, textos diversos), que redactó solo o en colaboración. Entre éstas hay un centenar de libros, de los cuales 70 se encuentran disponibles actualmente en Francia. Piaget es el autor único de la tercera parte de esos cien. Sería una tentación impertinente, un esfuerzo vano, pretender hablar de todos esos textos, aun si cada uno atañe a nuestro objetivo de un modo u otro. Además, sus publicaciones no deben entenderse como acumulación lineal, sino como expresión de un pensamiento laberíntico. Más de un lector se ha extraviado en ellas. . .

La obra parece tan diversa como el hombre, y revela un pensamiento cuya variedad oculta, sin embargo, una profunda unidad. La importancia de Piaget a menudo se compara con la de Marx, Einstein o Freud. Parece más apropiado el paralelo con René Descartes, no tanto en el sentido filosófico como por su cercanía metodológica.

Tanto para uno como para otro el dominio de las ideas, gracias al empleo de un método, desemboca en el dominio de sí mismo. Para el epistemólogo adentrarse en el conocimiento de lo real a través de la acción permite construir el conocimiento. Descartes le da prioridad a la experiencia científica en relación con la mera reflexión filosófica.

Además, ambas personalidades vivieron acompañadas, pero supieron preservar su aislamiento. La reflexión es estimulada por el intercambio, previo a las grandes inmersiones en el retiro del estudio, con la calma absoluta que permite reorganizar las ideas y redactar. Descartes, demasiado solicitado, dejó Francia. Piaget se refugiaba en el despacho ginebrino: "Alrededor del alto sillón de cuero, recargadas contra las paredes, derramándose en suave pendiente sobre la mesa, o bien sepultadas por ésta, pilas de libros, de expedientes, de notas, cerros y montañas de papel" (CLP, p. 11).

Otra semejanza es la unidad de una obra densa, abierta hacia tantas direcciones que para el lector poco familiarizado es difícil separar el hilo conductor. Georges Lerbet reconoce principalmente al Piaget posestructuralista, el que define el inconsciente de cognición. Para Jean-Louis Le Moigne sobresale el epistemólogo, el autor de *Logique et connaissance cientifique*. Sin embargo, el pensamiento y la obra de Piaget, a pesar de haber seguido diversos caminos, se encuentran unidos en un sistema global. Las diversas evoluciones están pensadas de modo equilibrado, gracias a un esqueleto de conceptos elaborados y afinados a lo largo de más de sesenta años.

Volvamos a las publicaciones. Para retomar la taxonomía de Roland Barthes, la pluma del erudito suizo va de la "escribanía" a la escritura. En el primer caso se trata de un estilo muy académico, empleado para relatar y comentar experiencias, para definir teorías. En el segundo, la forma es más ágil, el estilo se vuelve vivaz, a veces dominante. Se lo encuentra en ciertos textos de carácter polémico o autobiográfico. Por ejemplo, admite con humor provocativo que su método científico se funda en tres principios. El tercero es su necesidad de tener una cabeza de turco para el estímulo intelectual. "Mi cabeza de turco es el positivismo lógico" (CLP, p. 190). A menudo sus intervenciones públicas estaban teñidas de ironía. Durante una reunión en la que participaban especialistas de todo el mundo las presentaciones se hicieron por turno. Cada quien relató algún recuerdo muy antiguo: uno, un descubrimiento fundamental a los 3 años de edad; otro, un encuentro determinante a los 5, etc. Piaget, al tomar la palabra, declaró: "Estoy impresionado por lo que acabo de escuchar [. . .] Tengo la sensación de haber sido un niño retrasado. A lo mucho, tenía 15 años cuando publiqué mi primer artículo científico" (citado por René Zazzo, 1988, p. 277). Estos rasgos un poco irónicos están reservados para sus escritos personales. En el terreno científico, respecto de sus oponentes, Piaget siempre buscó poner en evidencia los puntos de convergencia. Sin embargo, los que lo contradecían no tuvieron miramientos; algunos deformaron sistemáticamente sus palabras para poder combatirlas mejor. Encontramos por ejemplo esa obstinación en señalar las coincidencias en la confrontación con René Thom, que mencionaremos más adelante. El matemático le dirige a Piaget un texto muy vehemente (TLA, pp. 503-509). Con sentido del humor, el epistemólogo desactiva la polémica: "Ahora, por mi lado, me siento mucho más cerca de las partes constructivas de la obra de Thom que él de las de la mía, y cuando renuncie a atribuirme tesis a la vez banales y contrarias a las mías, quizá podamos entendernos" (*ibidem*, p. 512).

Con el fin de guiar al lector en el laberinto editorial, es posible agrupar la producción piagetiana en varias categorías.

Por una parte, tomemos las obras puramente teóricas. En lo esencial, se trata de 37 volúmenes de la colección EEG, a los cuales se añaden algunos títulos más, entre los que se encuentra *Le comportement moteur de l'évolution*, en formato de bolsillo. Su lectura es objetivamente difícil, y requieren un buen conocimiento del pensamiento científico, del pensamiento piagetiano y de las propuestas teóricas debatidas.

Una segunda categoría está integrada por libros centrados en una cuestión particular. Incluyen el estudio de dicha cuestión, con explicaciones acerca de la investigación y con informes de entrevistas con niños, según el método clínico. Es el caso, por ejemplo, de *La formation du symbole chez l'enfant*. Esas obras van más dirigidas a quien desea profundizar un punto en particular. Requieren el dominio de un vocabulario mínimo. El glosario al final de este libro puede proporcionar una ayuda valiosa.

Un tercer conjunto está constituido por obras de divulgación. Se considera equivocadamente, quizá por su presentación en colección de bolsillo, que su contenido sintético es totalmente accesible. La síntesis es precisa, pero la densidad y el rigor del tema hacen que su lectura resulte compleja para un lector desprevenido. Estas publicaciones resumen la teoría piagetiana y necesitan el dominio de un vocabulario de base. Sin embargo, constituyen referencias innegables. El esfuerzo de la lectura merece la pena. Entre los títulos más informativos, notemos el de la colección Que sais-je?: *L'épistémologie génétique*.

En una cuarta categoría colocamos las obras redactadas o coordinadas por Piaget con verdadero tino.[3] Se trata, por ejemplo, de dos títulos de la colección La Pléiade, *Logique et connaissance scientifique* y *Psychologie*, obras que se vuelven pronto indispensables para quien desea profundizar en el pensamiento piagetiano, completado con las ideas de sus colaboradores. También incluimos en esa lista algunos textos de carácter autobiográfico y los textos redactados en primera persona; pensamos desde luego en el artículo "Inconscient affectif et inconscient cognitif" (PPG). No cabe duda de que los libros de esta última categoría son más asequibles.

Los párrafos precedentes acreditan la doble idea de abundancia y de complejidad. Por este motivo, invitamos al lector preocupado por descubrir a Piaget sin verse sometido directamente a las turbulencias de una teoría compleja a que empiece a abordarlo con prudencia, provisto de un buen léxico. Sugerimos, a partir del ordenamiento que precede, tres títulos que pueden constituir una buena introducción a la obra. Cronológicamente, el primero es *Sagesses et illusions de la philosophie*. Publicado en 1965, permite entender de qué modo se desprendió el epistemólogo de la pura reflexión filosófica. Para él la metafísica no es apta para responder a los problemas del conocimiento, y prefiere las herramientas científicas. La segunda obra se refiere a la pedagogía. Muestra en qué las ideas de Piaget pueden fecundar nuestro universo. Se trata de *Psychologie et pédagogie*, un conjunto de artículos publicado en 1969.[4] El tercer título es todavía más accesible. Es un ver-

---

[3] En *Sagesse et illusions de la philosophie*, reconoce (p. 288): "disfruté [. . .] escribiendo estas páginas". Acerca de la misma obra, importante para entender mejor la personalidad del autor, revela que es "un poco una confesión" (p. 140).

[4] No podríamos olvidar mencionar otro conjunto de artículos reeditado varias veces: *Six études de psychologie*. Su objetivo es más epistemológico, pero los textos siguen siendo accesibles y pueden ayudar tanto al lector curioso como al estudiante o al profesor.

dadero ábrete sésamo que incita a seguir adelante al facilitar la lectura de las síntesis, como PE y EP. Se trata de *Conversations libres avec Jean Piaget*. Estas entrevistas fueron dirigidas por Jean-Claude Bringuier en 1969 y en 1975, y el libro fue editado en 1977. El ritmo de la conversación le da espontaneidad y sencillez. Señalemos que fue tomado de un programa televisivo, un documento excepcional de dos horas, que presenta varias conversaciones realizadas en casa de Jean Piaget, y muestra al investigador rodeado por sus colaboradores durante unas reuniones del Centro Internacional de Epistemología Genética de Ginebra.

UN PENSAMIENTO DEFORMADO

En el seno de la institución escolar la figura de Piaget parece menos presente que hace dos décadas. ¿Es acaso la consecuencia de un regreso del péndulo? Las influencias varían al ritmo de las modas. ¿Acaso ese distanciamiento se debe al hecho de que Piaget fue considerado como inspirador de nuevas técnicas y de métodos no directivos (matemáticas modernas, actividades de estimulación, etc.)? Para retomar la frase de Seymour Papert: "la difundida idea de concebir un 'programa de enseñanza piagetiana' me parecía absurda; era como hacer caminar a Piaget con la cabeza para abajo" (1981, p. 268). Mal definidas, mal presentadas ante los diferentes actores de la educación, esas actividades fueron dirigidas sin formación rigurosa, sin mirada crítica, sin procedimientos de evaluación. Esas técnicas y esos contenidos han desaparecido, y han dejado a los especialistas con el mal sabor de haber trabajado por caminos pedagógicos sin salida. Esos extravíos facilitaron una asimilación inconsciente entre principios piagetianos y prácticas pedagógicas azarosas, laxistas, improvisadas. Piaget afirmaba sin embargo, anticipadamente, que "el interés no excluye en nada el esfuerzo" (PP, p. 96). Desarrollar actos pedagógicos apoyados en el interés del alumno, que susciten su sorpresa, que desencadenen su motivación, "de ningún modo conduce a un individualismo", sino mucho más allá, a "una educación de la autodisciplina y del esfuerzo voluntario" *(idem)*. Los métodos actuales, que toman del episte-mólogo sus fundamentos teóricos, y en cuya primera fila situa-mos los talleres de razonamiento lógico definidos por Pierre Higelé, demuestran un gran rigor, tanto en las progresiones adoptadas como en los establecimientos en que son practi-cados.

Hoy en día se estudia a Piaget en formación inicial. El *corpus* presentado —esencialmente las etapas de desarrollo y la actividad del sujeto— constituye la parte aparente del conti-nente piagetiano. El tiempo de formación es muy limitado, por lo que se abordan con menos frecuencia las prácticas ins-piradas por su teoría, ya sea en términos de métodos cogniti-vos, de métodos operativos o de remediación. En esas condi-ciones es difícil medir la riqueza de su pensamiento. Por lo tanto, como reconoce la psicóloga Zelia Ramozzi-Chiarottino, "el verdadero sentido de su obra parece escapársele a la ma-yoría de sus contemporáneos" (1989, p. 37).

Las obras de Piaget son objeto de usos paradójicos. Las ins-trucciones oficiales se refieren directamente al constructi-vismo, mientras que las prácticas primarias —por diversos motivos— funcionan a menudo con otras modalidades. Feliz-mente, hay sectores completos, antaño pioneros, que aún son innovadores, como es por ejemplo el caso de la escuela pre-primaria. Todos conocen el origen de esa enseñanza. Fröbel, quien fue discípulo de Pestalozzi, creó los primeros jardines de niños hacia 1840. Ese principio fue retomado, sobre todo en Francia, país que, por decreto del 2 de agosto de 1881, ins-tauró las escuelas de preprimaria, y les dio una misión educa-tiva. ¿Por qué motivos se volvieron innovadoras? Subrayemos la importancia dada a las habilidades relacionadas con los sa-beres duros, que le confieren primacía a las competencias transversales. Recordemos la organización general que, como Decroly o Dewey lo habían iniciado antaño, permite desarro-llar la colaboración, los intercambios entre alumnos. Este as-pecto de la realidad social en el desarrollo adaptativo del niño favorece la superación progresiva del egocentrismo intelec-tual. Subrayemos el equilibrio entre la presencia del adulto con sus exigencias y sus obligaciones, por una parte, y la coo-peración fecunda de los alumnos, por otra. Esta armonía es un factor que favorece el desarrollo. Notemos el hecho de tomar en cuenta la heterogeneidad a través de las prácticas de taller. Las exposiciones agrupan los trabajos realizados individualmente, lo mismo que las producciones colectivas. Nunca se repetirá lo suficiente el permanente papel pionero que desempeñó la escuela preprimaria francesa ante la educación auténticamente nueva. La actividad en el contexto materno se adecua al sentido piagetiano, ya que se relaciona con la autonomía, con la sociabilidad, con la construcción de referencias en el espacio y en el tiempo. También señalaremos que se favorecen las situaciones que le permiten al alumno separarse del discurso impositivo del maestro. El primado del verbalismo, "esa triste realidad escolar" (PP, p. 223) considera que el niño dispone *a priori* de las mismas estructuras mentales discursivas y analíticas que el adulto. La atención, como forma de reconocimiento del niño en la evolución de su personalidad propia, característica del ciclo 1, podría inspirar en mayor grado las prácticas iniciadas posteriormente.

Puede suceder que los trabajos de Piaget sean deformados por hipóstasis. El ejemplo más significativo se refiere al principio según el cual el saber se construye por la acción del sujeto sobre el medio. Esta idea, a menudo reducida, permitió desarrollar un concepto borroso, el de la pedagogía activa, ¡que en la mayoría de los casos se resume como simple agitación verbal o motriz! Es posible trazar un paralelo entre el activismo pedagógico, desviación de ciertos docentes en los años setenta, y una tendencia actual que desemboca en el reforzamiento de los particularismos y las exclusiones, bajo la apariencia de prácticas diferenciadas.

El método activo no es el que privilegia los trabajos manuales y las salidas de la escuela. Para Piaget la actividad del niño se manifiesta ciertamente en el tanteo experimental, pues el conocimiento del medio procede de la acción del niño sobre el objeto. El aspecto perceptivo-motor no queda excluido. Sin embargo, la actividad del alumno se realiza de modo auténtico, "en el plano de la reflexión, de la abstracción más desarrollada, y de manipulaciones verbales" (PP, p. 96). En una obra que marca sobre todo a quienes les interesa el concepto de aprendizaje, Bärbel Inhelder precisa: "Ser activo no se reduce, por supuesto, a una manipulación cualquiera; puede haber actividad mental sin manipulación, del mismo modo que puede haber pasividad al manipular" (1974, p. 44).

A menudo los escritos de Piaget son deformados por desconocimiento. Confesemos que sus textos atemorizan a unos por una supuesta complejidad, y desconciertan a otros que, sin embargo, pasan con valor de la tentación al intento.

Así, el vocabulario piagetiano se confunde a menudo con el vocabulario común. El término "egocentrismo" se entiende, por ejemplo, como manifestación excesiva del individualismo; se refiere al egoísmo. Su sentido es distinto para Piaget. Se trata de una conducta intelectual relativa al hecho de que el pequeño no tiene las herramientas operativas que le permiten descentrarse y colocarse en otro punto de vista que el propio. Otro ejemplo: muchos profesores están convencidos de que Piaget negó por voluntad propia el papel de la afectividad en el aprendizaje, y la hizo a un lado, deliberadamente, en una especie de postura antifreudiana. La realidad es ajena a este error transmitido trivialmente. El especialista suizo nunca ocultó la importancia de los afectos en el desarrollo de los procesos cognitivos. En *La psychologie chez l'enfant,* pequeña obra de síntesis redactada con Bärbel Inhelder, observa que "la afectividad constituye la energética de las conductas, cuyo aspecto cognitivo se refiere a las meras estructuras" (PE, p. 125). En sus discusiones con Bringuier el epistemólogo confirma: "La afectividad es fundamental como motor de la acción" (CLP, p. 131). En muchas otras ocasiones afirma que, en el niño pequeño, la afectividad y la inteligencia son "indisociables y constituyen los dos aspectos complementarios de toda conducta humana" (SP, p. 23).

De modo idéntico, su punto de vista sobre el psicoanálisis a veces parece frecuentado —por lo general en filigrana— por la invisible presencia de Freud. No se trata de referencia, mucho menos de vasallaje. Es más fundado hablar de vínculos que, en ciertas épocas, parecen unir ambos pensamientos, y que, en otros momentos, parecen distendidos. Veamos dos ilustraciones de esta discreta presencia. La primera está tomada de una publicación de 1924: "Creemos entonces que llegará el día en que el pensamiento del niño sea puesto en el mismo plano, en relación con el pensamiento adulto, normal y civilizado [. . .] que el pensamiento autista y simbólico descrito por el señor Freud y por sus discípulos. . ." (JR, pp. 201-202). Para el segundo ejemplo escogimos un fragmento de su obra principal, *Logique et connaissance scientifique:* "a pesar de todo lo que descubrió Freud acerca del inconsciente afectivo, el pasado intelectual de un individuo le es aún más desconocido que su pasado sentimental. . ." (LC, p. 120). Queda establecido que Piaget pensó, en varias ocasiones, en la futura asociación entre su epistemología y el psicoanálisis freudiano.[5] Exploraremos esta pista en un capítulo posterior y recordemos ahora un hecho poco conocido: Piaget se analizó con una alumna directa de Freud.

Sucede a veces que el pensamiento de Piaget es traicionado por efecto de paralogismos. La ilustración que sigue es muy contemporánea. Sabemos que el epistemólogo definió el esquema de conservación como etapa importante del desarrollo intelectual. La experiencia clásica consiste en tomar dos bolas de plastilina de forma, tamaño y peso (verificable en la báscula) estrictamente idénticos; una se aplana para compararse con la otra. Hacia los 7-8 años el niño considera que ambos objetos contienen la misma cantidad de plastilina. Es la conservación de la sustancia o materia. En cambio, hay que esperar a los 9-10 años para que reconozca que hay conservación de peso, para que afirme que ambos objetos, la bola y el disco, conservan la misma masa. Después, hacia los 11-12 años, el niño entiende que se conserva el volumen a pesar de la transformación. Uno se da cuenta de que, según el campo en que se ejerza, la conservación tarda más o menos tiempo en ser construida. Para que se establezca la conservación, ésta debe apoyarse en varias operaciones mentales, como la identidad y la reversibilidad. Sin embargo, este principio no es aplicable a la transformación de las superficies. La superficie de un cuadrado, cuyos lados miden 4 cm cada uno, no se conserva cuando la figura se convierte en un rectángulo de 5 cm de largo y 3 de ancho (es decir, cuando ambas figuras tienen el

---

[5] Menciona dos obras, una de Wolff, otra de Gouin-Décarie, que muestran "la convergencia entre los datos psicoanalíticos referentes a los dos primeros años de vida y mis análisis de los mismos niveles sensomotores" (SIP, p. 267).

mismo perímetro). En el primer caso la superficie mide 16 cm^2, en el segundo caso, 15. Algunos autores, ante esta excepción al principio fundamental de conservación, ven un cuestionamiento integral de las teorías piagetianas: "La 'lógica de las operaciones mentales' de Piaget no es una teoría de la racionalidad" (Engel, 1996, p. 291). Nos parece que el problema está mal planteado. Notemos, para empezar, que nadie niega la ausencia de conservación. Incluso constituye un caso interesante, que se les propone a los niños como experimento. Pierre Gréco lo integra a su síntesis sobre las nociones de conservación. Observa que "es menos fácil entender, por ejemplo, la disociación entre las variaciones del perímetro y las de la superficie (hacia los 9-10 años), incluso con los cuadriláteros simples" ("Infancia", *Encyclopædia Universalis*, corpus 8, p. 343, 1989).

En realidad, el hecho de que no haya conservación en el caso de los polígonos no tiene nada de sorprendente. En los ejemplos tomados Piaget muestra cómo el niño construye un principio general y extrae leyes que no varían. Los experimentos necesariamente conciernen un mismo objeto que sufre transformaciones aparentes, pero que no cambia de estatuto. El ejemplo de la figura geométrica tiene una naturaleza distinta. La transformación del cuadrado en rectángulo cambia el estatuto del objeto. La transformación no sólo es aparente, sino que modifica totalmente el objeto, ya que el cuadrado se vuelve rectángulo. Si queda establecido que todo cuadrado es un rectángulo, en cambio no todo rectángulo es un cuadrado. Uno, el cuadrado, pertenece a una subclase contenida en la clase de los rectángulos. Dicho de otro modo, en el caso de los polígonos no existe la reversibilidad. La reversibilidad es una condición necesaria, por lo que la conservación no puede existir en el caso citado. En consecuencia, nos parece excesivo invalidar el conjunto de la teoría piagetiana a partir de un ejemplo que resulta lógicamente infundado.

Otra deformación de los trabajos de Piaget: el uso de los sofismas. En su versión editorial, el sofisma se complace a menudo con la desviación del tema. Los autores prefieren la reducción al debate, el humor al argumento: "Su teoría permanece demasiado estrecha, una especie de delirio lógico que parece negarse a enfrentar el hecho de que la raza humana no es tan lógica y no se pasa el tiempo resolviendo problemas de lógica" (Cohen, *Piaget, une remise en question*, París, Retz, 1981, p. 94). ¿Dónde se puede leer, en Piaget, que el individuo se pasaba el tiempo resolviendo enigmas lógicos?

Otra forma de esnobismo es la de lo cotidiano, alimentado con la apariencia de (falsa) justificación. La teoría operativa de las etapas se utiliza para garantizar finalidades que se oponen al constructivismo. Desviada, justifica prácticas más orientadas hacia la selección que hacia la mediación. Las pedagogías del excipiente envuelven con ilusión constructivista unos principios perfectamente opuestos. No es raro leer interpretaciones maduracionistas del concepto piagetiano de etapa. Para esto basta transformar en una red fija y normativa, basada en la edad del alumno, lo que es referente estructural del desarrollo. El epistemólogo había previsto esta clase de desviaciones: "Las etapas son el orden de sucesión. No es la edad promedio" (CLP, p. 57). Para Piaget sólo puede haber encadenamiento de las etapas con la condición de que cada una esté definida por una estructura de conjunto que permita la difusión y la integración de un nivel inferior al nivel superior. Es el concepto de estructura que diferencia al acercamiento piagetiano del acercamiento maduracionista. Para este último el encadenamiento es sucesión, estratificación predeterminada por la maduración del individuo, que depende del desarrollo de su sistema nervioso y de datos estrictamente endógenos. Querer justificar con el "piagetismo" cierto número de actos pedagógicos, como la repetición del año escolar, el pase anticipado o diversos modos de selección, equivale a negar el concepto mismo de etapa operativa.

Se piensa que Piaget abandonó la escuela primaria francesa. Paradójicamente, mientras que las prácticas sobre el campo de estudio toman a veces caminos anquilosados, la institución, con cierto número de textos oficiales (1989, 1991, 1995), elige la vía pedagógica del constructivismo. Mientras que el interés por las ideas piagetianas se difuminaba en la enseñanza primaria, se asistía a la avanzada de esas mismas ideas en los sectores más inesperados: la enseñanza secundaria, por una parte, y sobre todo la formación continua de los adultos y los cursos de reconversión. Se plantea la pregunta de cómo, más allá de las intenciones de principio, una práctica en la escuela primaria puede nutrirse de nuevo con el pensamiento constructivista. Más allá de las interpretaciones azarosas, de las desconfianzas legítimas, del misoneísmo habitual, más allá de las complejidades reales o imaginarias, los capítulos que siguen muestran en qué medida el pensamiento de Piaget constituye una respuesta al cuestionamiento actual. Uno se da cuenta de que es también generador de pensamiento, por las múltiples investigaciones que ha inspirado; el número de colaboradores y de continuadores lo atestigua. Para ser concretamente germinativo, un pensamiento debe cumplir por lo menos con dos condiciones. Una es teórica; se refiere a la comprensión y a la explicación conceptual de lo real. La otra es práctica; se relaciona con la intervención concreta sobre la realidad, por medio de la posibilidad de contextualización.

Ciertos problemas planteados o formulados por Piaget siguen siendo de actualidad. ¿Qué sentido le da el niño al espacio? ¿Cómo comprende el tiempo, cuya percepción ha cambiado radicalmente en una generación? ¿Cómo construye las estructuras lógicas que determinan más que nunca su futuro? ¿Cómo tener en cuenta al inconsciente cognitivo en una situación de aprendizaje? Existen corolarios para estos diversos puntos. ¿Qué contribuciones a la didáctica aportan los métodos inspirados en Piaget? ¿Hay que privilegiar las actividades individuales o el trabajo en interacción? ¿Se puede considerar un remedio operativo? ¿Qué aporte real pueden ofrecer las situaciones que proponen sucesivamente experimentación, representación, reflexión? Todos estos elementos evidencian la actualidad de la teoría constructivista, teoría considerada en su aspecto piagetiano original, lo mismo que en su componente centrífugo de aporte de nuevas herramientas contextuales. Todas estas preguntas alimentan el debate que iniciamos en los capítulos siguientes.

II. PIAGET, CONSTRUCTOR DE UN SISTEMA

ESTA parte aborda el sistema complejo de la teoría. La presentación de los conceptos piagetianos se entiende en su dinamismo epistemológico tanto como en los debates contradictorios suscitados. Hay un acercamiento a la cuestión teórica alrededor de los cuatro puntos fuertes. ¿Qué es lo que distingue al constructivismo de otros acercamientos filosóficos del desarrollo? ¿En qué es innovador el procedimiento epistemológico? ¿Qué sentido le da Piaget a la conquista del lenguaje? ¿Es útil todavía la teoría piagetiana de las etapas del desarrollo de la inteligencia?

EL CONSTRUCTIVISMO

Definiciones

Consultar en un diccionario la palabra *constructivismo* resulta en general poco esclarecedor. La filosofía está ausente. En cambio, el lector se entera de que se trata de "una doctrina estética formulada en 1920" en oposición a la escultura tradicional (Larousse, 1972). Dejando de lado el terreno estético, ¿cómo delimitar en unas palabras la idea constructivista? Jean-Louis Le Moigne da una primera definición: "Lo real, lo cognoscible, puede ser construido por sus observadores, que a partir de ese momento son sus constructores" (1995, p. 40). Coincide con Jean Largeault, para quien lo real existe con la condición de que su observador, que tiene el estatuto de constructor, de modelador, pueda construirlo, mostrar un ejemplar y definirlo por cálculo. El número y el objeto geométrico son, por ejemplo, objetos hechos reales con la construcción.

Para Le Moigne esta definición induce dos hipótesis teóricas. La primera se refiere "al estatuto de la realidad cognoscible" (*op. cit.*, p. 41), ya que para que lo real sea conocido debe

38

poder construirse. La segunda se refiere al método de construcción del saber que ya no se sustenta en lo "verdadero" sino en lo "que se puede hacer".

En el sentido que nos ocupa el término *constructivismo* aparece en el siglo XX. Sin embargo, hay fundamentos pertinentes que se pueden encontrar en ciertas opciones filosóficas planteadas en distintas épocas. El camino lleva de Aristóteles a Leonardo da Vinci, de Montaigne a Pascal, de Valéry[1] a Piaget.

En el terreno de la lógica, el constructivismo aparece con los filósofos que no le otorgan una primacía absoluta a la deducción. Ésta es una herramienta por excelencia de la verdad. En el lado opuesto, se sitúa la inducción, herramienta de la "factibilidad" (lo que se puede hacer).

Inducir es emitir una hipótesis, desencadenar una investigación por medio de una construcción mental que no se sustenta en lo verdadero, sino que supone el análisis de lo verosímil, de lo posible.

Otra influencia del constructivismo es la que resulta del trabajo de Gaston Bachelard, quien se aleja del positivismo y del tríptico empirista: observación, hipótesis, verificación por la experiencia. Afirma que "Nada es evidente. Nada está dado. Todo está construido" (1993, p. 14). Su método parte de lo abstracto, es la construcción teórica para ir a lo concreto, con el establecimiento experimental. La actividad del sujeto le permite apropiarse de la realidad al construirla. Es la renovación de un racionalismo que Bachelard declara abierto y dialéctico, y que se interesa más en el proceso de construcción que en el resultado de la acción.

Otra corriente que cabe en el marco de la aproximación constructivista es la de la nueva educación, que impulsó John Dewey. "Una experiencia es lo que es por la transacción que se establece entre un sujeto y lo que en ese momento constituye su entorno" (1968, p. 90). Édouard Claparède aboga por la instauración de un nuevo papel del maestro: "En lugar de limitarse a transmitirles conocimientos que él mismo posee, les

---

[1] Puede sorprender que en esta lista aparezca el poeta Paul Valéry. Véase el libro de Le Moigne (1995, p. 51 y ss) que explica la postura del poeta. Cita esta frase de Valéry, que considera significativa de su pensamiento: "Entre el ser y el conocer, el hacer".

ayudará a adquirirlos con un trabajo y con investigaciones personales" (1968, p. 184). Claparède, al que el joven Piaget alcanzará en Ginebra en 1920, abre el camino de lo que se convertirá en hipótesis confirmada: el constructivismo procede de la interacción entre el niño y el medio. En esa interacción engrana actos cada vez mejor coordinados, primero en el plano concreto, después en el plano abstracto. La abstracción sanciona la elaboración de las estructuras formales.

Situado en una corriente histórica de la que sólo damos aquí algunos puntos de referencia esenciales, el constructivismo propone una explicación del conocimiento original en el plano teórico, e innovadora en el plano práctico.

Así, lo real es construido por el acto, y no dado por la sola percepción o la mera observación. El filósofo Alain no parece decir otra cosa: "No se aprende a dibujar mirando a un profesor que dibuja muy bien" (1972, 37, p. 95). Sin embargo, las palabras pueden contener distintos significados. Nos parece que la actividad considerada por Piaget es de una naturaleza opuesta a la que presenta Alain en un ejemplo famoso, tomado del mismo fragmento. "En el cuartel [. . .] se le pide a cada uno que desmonte y que vuelva a montar el rifle, pronunciando las mismas palabras que el maestro, y aquel que no haga y vuelva a hacer, que no diga y repita, más de veinte veces, no sabrá lo que es un rifle" (idem). Parece que la actividad, tal como la entiende Alain, se funda en la imitación y en la repetición. Este punto de vista es reforzado por otras frases del autor, que estigmatizan la experimentación, la motivación, el interés: "la experiencia que interesa me parece mortal para el espíritu" (ibidem, 2, p. 8). La actividad considerada según Alain privilegia el objeto de conocimiento, pero niega la personalidad propia del alumno. Hay una especie de programación del saber en la cual el tema del aprendizaje no ocupa mucho lugar, si no es para entrar en un método de tipo comportamentalista, despersonalizado.

Piaget titula "Le constructivisme et la création de nouveautés" al último capítulo de su obra de síntesis, L'épistémologie génétique. En ese fragmento opone la hipótesis constructivista a la positivista. Para él lo que caracteriza al constructivismo es que no se funda en un desarrollo lineal, con un sentido único. En el caso de dos estructuras que presentan dos niveles distintos de conocimiento, el método constructivista se funda en la integración aumentativa. Procede por "asimilación recíproca, en que la [estructura] superior puede derivarse de la inferior por la vía de transformaciones, pero en que también la primera enriquece a esta última al absorberla" (EP, p. 122). Parece que la transformación en espiral y la integración son los movimientos rectores que rigen, según Piaget, el paso de una estructura a otra.

Elementos de discusión

La originalidad y la fuerza de la postura constructivista han hallado oposiciones igualmente determinadas. Elegiremos la divergencia entre el acercamiento constructivista y el introspectivo, por una parte, y por la otra la diferencia entre el acercamiento constructivista y el innatista.

Constructivismo y filosofía

La filosofía interesó profundamente al joven Piaget. Recordábamos que su padrino le había hecho leer a Bergson. Unos años más tarde descubriría la lógica. Sin embargo, si bien afirma que desde muy joven decidió dedicarse a la filosofía, explica que se produjo "una especie de desconversión progresiva" (SIP, p. 19). Cuando publicó, en 1965, *Sagesses et illusions de la philosophie*, se trataba de afirmar una postura que había adoptado y que fundamentaba todos sus textos. "La filosofía no alcanza el conocimiento, a falta de instrumentos de verificación, pero puede llevar en cambio a una 'sabiduría'." Añade que si varias sabidurías pueden convivir sin contradicciones, "una sola verdad es aceptable en el terreno de un problema de conocimiento en sentido estricto" (SIP, p. 289).

La ruptura queda consumada. Es probable que Piaget se haya decepcionado porque su método científico no encontró ecos en el serrallo filosófico. Considera definitiva la brecha entre la filosofía fundada en la reflexión y la investigación científica, que privilegia las conductas de control. Sólo la ciencia propone métodos de experimentación y procedimientos referenciales capaces de aportar respuestas aceptables a los problemas encontrados. "En una palabra, la filosofía plantea problemas, gracias a su método reflexivo, pero no los resuelve, porque la reflexión no contiene en sí misma los instrumentos de la verificación" (SIP, p. 307). La única filosofía que le interesa a Piaget, que le parece que aporta elementos en el debate, es la que se sustenta en la ciencia. La sitúa entre los griegos y hasta Descartes, Leibniz o Kant, al que reconoce como "el padre de todos nosotros" (SIP, p. 293). En cambio, su rechazo a la metafísica, al existencialismo sartreano y, de modo más paradójico, al positivismo lógico, es casi total.

Se refiere a Descartes que, en su opinión, es el que mejor traduce la unión del procedimiento filosófico y del científico. Recuerda la frase del filósofo francés explicando que no es útil dedicarle más de un día al mes a la reflexión. Los demás se dedican "al cálculo o a la disección". Subsiste una pregunta: si el francés descubrió los principios de la geometría analítica, ¿fue como resultado de su pensamiento o de la organización del tiempo ya citada?

Se refiere de nuevo a Descartes, quien definió al "sujeto epistémico", el que puede "asimilar racionalmente la realidad física gracias a los instrumentos lógico-matemáticos" (SIP, p. 73). Con Descartes el sujeto epistémico o cognoscente es un sujeto constructor. Esta nueva concepción rompe con la de un sujeto contemplativo y pasivo que imperaba en aquel entonces.

Otra influencia reconocida es la de Kant. En varios textos afirma su proximidad con el espíritu kantiano, aun si considera "el a priori como disociable de las nociones de anterioridad cronológica" (SIP, p. 82). La divergencia principal reside en que la constructividad del sujeto es ciertamente reconocida en el punto de vista kantiano, pero está dada de entrada, y no situada en un proceso constante de elaboración. Piaget reconoce esta dinámica de elaboración en Husserl. Es verdad que el método husserliano lo mismo se opone al apriorismo kantiano que privilegia de modo absoluto al sujeto que al empirismo, que privilegia al objeto. En cierto modo, el fenómeno puede definirse como interacción indisociable entre el sujeto y el objeto.

El concepto clave de la fenomenología husserliana es el de

intencionalidad. Piaget define la intención como la afirmación de que "todo estado de conciencia expresa un movimiento orientado hacia [. . .] un estado final buscado y deseado" (SIP, p. 177). En Piaget los análisis relativos a los esquemas de asimilación muestran que provienen de la intencionalidad. Se trata de un acto mental referido a un objeto, que apunta a un objeto. La intencionalidad establece una relación entre el sujeto y el objeto perseguido. En el ejemplo que emplea, el lactante reacciona ante los objetos que lo rodean. Jala un hilo para producir música, no con motivo de la cadena estímulo-respuesta sino con motivo de una asimilación de la acción a esquemas ya existentes, y le da un sentido a la acción mediante la manifestación "de una necesidad o de un interés". La intencionalidad constituye, en este marco, la unión entre el individuo y el mundo exterior.

Piaget reconoce, por ejemplo, el papel de los datos introspectivos para revelar un deseo, para determinar una finalidad. Los distingue de los datos cognitivos que fundan la acción. Antoine de la Garanderie (*Défense et utilisacton de l'introspection*, París, Le Centurion, 1989), quien aboga porque el sujeto cobre conciencia de la significación dada a su actividad mental y de "lo que puede o debe hacer para aumentar su eficacia", rebate esta concepción teleológica.

Nos parece que las diversas interpretaciones pueden coincidir en torno a un enfoque más neurobiológico de la intencionalidad.[2] En este enfoque se trata de un estado mental consciente referido a un objeto. Cuando el sujeto quiere algo, y apunta hacia ese objeto, lo hace a través de un triple modelo: un modelo de sí mismo, un modelo del otro, un modelo del mundo. La intencionalidad, que no puede existir sin descentramiento, es un criterio subjetivo de la conciencia.

Desde el punto de vista piagetiano, lo previo a la conciencia es el descentramiento. Ahora bien, cierta forma de introspección (la que consideró Sartre es un ejemplo) lleva el "culto de la subjetividad hasta el centramiento en un solo yo particular" (SIP, p. 192). Por lo tanto, no es válida. En cambio, la intros-

---

[2] Pensamos, por ejemplo, en el texto de Jean Delacour en su libro *Biologie de la conscience* (París, PUF, 1994).

pección que considera que una parte del yo, el sujeto epistémico o cognoscente, mira al otro, al sujeto por conocer, entra
en el marco de la interacción que diferencia fundamental-
mente sujeto y objeto. Piaget indica que esta introspección
tiene un interés. Es la posibilidad, para el individuo, de cobrar
conciencia de su acción. Piaget ilustra esto en el niño con "la
comparación entre su toma de conciencia del sentido de un
término y cómo lo emplea efectivamente" (SIP, p. 186).

Discierne, sin embargo, varias objeciones para convertirlo
en un método de observación. El método clínico piagetiano,
basado en la entrevista y en la manipulación de un material
que sirve de soporte objetivo para la actividad observada,
puede aplicarse las veces que sean necesarias. En cambio, Piaget anota que la introspección evidencia lo que ya está construido, y no procesos de elaboración. Además, la observación
depende, más allá de toda voluntad, de lo que el introspector
quiera hallar en el introspectado, lo cual hace imposible trazar una frontera clara entre ambos papeles. Si la introspección puede ser empleada en situación didáctica, como elemento que facilita la toma de conciencia, debe acompañarse
de procedimientos de elucidación verbal. En el método clínico de Piaget seleccionamos la riqueza del diálogo que se establece con el niño. Ahora bien, tanto el diálogo como la introspección requieren una formación y una disponibilidad que el
maestro no necesariamente tiene. Como las situaciones en las
que hay conversación, individual o grupal, no siempre son posibles, se pueden emplear las manipulaciones y las representaciones gráficas, más ricas y menos cargadas de ambigüeda-
des que las palabras. Le permiten al maestro observar el
progreso de la reflexión del alumno. Incluso en el ciclo 3 numerosas actividades pueden basarse en un material específico. De modo idéntico, es útil pedir que se reflexione, que se
deje un tiempo de latencia después de una serie de preguntas,
pues permite la reorganización mental de las respuestas que
se esbozan.

En suma, el método introspectivo, la gestión de las evoca-
ciones y el método clínico piagetiano pueden complementar-
se. Sin embargo, requieren una formación mínima por parte
del especialista.

Constructivismo e innatismo

Para Piaget no existen estructuras cognitivas innatas.[3] La interacción entre el medio y el niño, el adolescente o el adulto —pues el proceso no es limitado— resulta de la acción que desarrolla el pensamiento formal, por una transformación en operación, es decir por mentalización.

Por el contrario, para Chomsky, quien fundó la lingüística generativa, cada gran función es como "un órgano mental" que posee una estructura innata. Si el lingüista estadunidense admite la acción del sujeto sobre el mundo, no es con una finalidad de construcción, sino porque ésta "desencadena programas establecidos" (TLA, p. 406). Chomsky sitúa el origen de su concepción teórica en Descartes.[4] El método chomskiano se origina en un racionalismo para el cual el medio no posee ninguna organización estructurada. Toda estructura proviene de lo interno, del interior del sujeto, que lo impone a lo externo, a lo que lo rodea. Así, la estructura lingüística constituye una invariante de la especie, que atraviesa las generaciones y las localizaciones. Si bien no niega la realidad de variables tales como la cultura, Chomsky insiste en delimitar claramente lo que depende de esas variables y lo que depende de lo que a su modo de ver es esencial: la estructura del sujeto universal abstracto.

Una objeción al constructivismo emitida por la corriente innatista se funda en la observación de ciertos primates. Los investigadores se interrogan sobre el hecho de que los simios superiores, que parecen tener todo el equipo estructural necesario para desarrollar el pensamiento operativo formal, permanecen anclados a un modo de acción sensomotor. La cuestión resulta tan compleja que los especialistas continúan el debate planteando una distinción significativa entre innatismo de las funciones e innatismo de las estructuras.

Para Piaget lo que caracteriza a la evolución de la inteli-

---

[3] Por fidelidad al pensamiento del autor, habría que recordar que existen parámetros internos, pero "no podría concluirse que todo lo que es endógeno se deriva de una programación hereditaria" (EP, p. 67).

[4] Por ejemplo, el filósofo francés recuerda el hecho de que el lenguaje del hombre no resulta de una evolución que se originaría en los sistemas de comunicación de los animales.

gencia es que, después de un periodo posoperativo, podría decirse preparatorio, el niño "reinventa para sí, alrededor de los 7 años, la reversibilidad, la transitividad, la recursividad, la reciprocidad de las relaciones, la inclusión de las clases, la conservación de los conjuntos numéricos [. . .] es decir, todos los cimientos de la lógica y de las matemáticas" (TLA, pp. 55-56). Para el epistemólogo este esfuerzo de reinvención constante, y a veces doloroso, muestra que estos esquemas no están preformados. Si el lactante estuviera equipado con esos cimientos conceptuales, le bastaría esperar pasivamente la aparición regular de tal o cual esquema, en función de sus necesidades. El psicólogo estadunidense Gesell presenta un punto de vista cercano a esta idea.

En la práctica del aula la concepción maduracionista presidió por mucho tiempo. ¿Acaso es seguro que ahora esté totalmente ausente? La repetición del año escolar, practicada por mucho tiempo, una idéntica vuelta a empezar de todos los contenidos temáticos de un año completo, depende del hecho de que no se considera al alumno "listo" para adquirir un nuevo *corpus*. Es necesario que espere, que se revele una maduración más importante, para continuar su recorrido intelectual. De hecho, sólo se toma en cuenta la maduración. El punto de vista excluye cualquier otra aproximación. El establecimiento de los ciclos se sitúa en el lado opuesto. En una visión dinámica de construcción de conocimiento, tanto el paso anticipado a una clase superior como la permanencia en el mismo año se hacen menos frecuentes. Se establece una progresión que le da sentido a la actividad del alumno, al preservar su propio ritmo y su personalidad cognitiva, en un lapso trianual. Desde la ley de orientación de 1989 el desarrollo uniformemente lineal de la escuela, traducido en sucesión de años, se sustituye con un movimiento global y diferenciador que le da tiempo a cada alumno para construir su propio aprendizaje.

Consecuencias prácticas

¿Cuáles son las consecuencias de las posturas constructivistas sobre las orientaciones oficiales y las prácticas llevadas a cabo a diario? Tracemos algunas pistas, que desarrollaremos en los próximos capítulos.

Las instrucciones oficiales recuerdan que "el niño construye sus aprendizajes".

Así, la idea maestra de Piaget tiene un fuerte reconocimiento en los procesos didácticos. Esta perogrullada no debe hacer olvidar que durante décadas el sistema funcionó sin que el alumno estuviera "en el centro del sistema educativo". Excluido a la periferia del proceso educativo, ocupaba "el lugar del muerto". Todos conocen el triángulo pedagógico definido por Jean Houssaye. "La situación pedagógica puede definirse como un triángulo compuesto de tres elementos: el saber, el profesor y los alumnos, dos de los cuales se constituyen como sujetos, mientras que el tercero debe aceptar el lugar del muerto o, a falta de ello, se pone a hacer locuras" (1993, p. 15). El proceso de *enseñar* se sitúa en el eje *S-P* (saber-profesor) mientras que el de *aprender* privilegia el eje *S-A*, pues el proceso *formar* se funda en el eje *A-P*. Las instrucciones derivadas de la ley de orientación de 1989 sitúan el acto didáctico en las lógicas *S-A* y *A-P*, y ya no en *S-P*.

Una de las consecuencias de este cambio es que al aprendizaje le interesa menos el resultado que el proceso, lo cual coincide con la definición piagetiana del conocimiento. Otra consecuencia es que ciertos comportamientos sancionados antaño se han vuelto indicadores pertinentes de un aprendizaje que se establece. Es, por ejemplo, el nuevo estatuto del error.

Como el saber ya no tiene la misma prioridad, la necesidad de trabajar los programas en términos de contenidos acabados y delimitables va acompañada de la consideración de las aptitudes, y registra los procesos cognitivos en construcción. Los estudios dirigidos, de carácter metodológico, facilitan los momentos de diferenciación. El trabajo por grupos y el método de la entrevista clínica pueden caber en ese marco cuando las condiciones (descompartimentación, desdoblamiento. . .) lo permiten.

La teoría del constructivismo no es una palabra abstracta. Por el contrario, este concepto permite dilucidar la realidad pedagógica más concreta. La construcción preconizada por la

CUADRO II.1. *Las corrientes de aprendizaje*

Modelos acumulativos		*Modelos interactivos*	
El aprendizaje procede de la acumulación de saberes por transmisión, por imitación		El aprendizaje procede de la adaptación entre el mundo y el alumno. Se realiza por medio de la actividad	
El movimiento de crecimiento presenta un carácter lineal de apilamiento		El movimiento de crecimiento presenta un carácter de integración en espiral	
El modelo está centrado en el alumno, para responder a sus necesidades en función de su propio potencial. El conocimiento es reconocimiento. El alumno es dueño de su saber	El modelo está centrado en el entorno (el objeto de saber) considerado como producto acabado. El maestro reproduce el saber para transmitirlo	El modelo está centrado en la acción del alumno	Puede dar preferencia a la interacción social
		Puede dar preferencia a la interacción sujeto/medio	
		El maestro es mediador, facilitador, tutor. Los demás alumnos son sus asociados	
Maduracionismo	*Conductismo*	*Constructivismo*	*Mediacionismo*
Gesell e innatismo: teoría del don inicial	Enseñanza programada	Piaget	Constructivista: Perret-Clermont. Cognitivista: Vygotski/Bruner

nueva ley de orientación se opone a la acumulación que regía. Sin embargo, no se trata de definir un marco normativo de aproximaciones excluyentes. Hay elecciones, se toman opciones filosóficas. La orientación hacia el constructivismo no impide tomar en cuenta ciertos aportes complementarios. Veamos un ejemplo en la práctica cotidiana del aula. ¿Creería uno, por un solo instante, poder afirmar que depende exclusivamente de una sola corriente teórica? Cada profesor sabe bien que ciertos contextos, en una duración limitada, empujan a optar por un procedimiento que puede resultar distinto del que se practica habitualmente. La orientación clara y rigurosa hacia una corriente filosófica no es una elección rígida y excluyente. Pero cuando los métodos difieren temporalmente de las elecciones esenciales es indispensable sopesar de modo consciente las ventajas que puede aportar un acercamiento distinto.

¿Acaso no escribe Piaget, que se opuso con fuerza al positivismo lógico, acerca del método empírico: "conviene sopesar con cuidado lo que se debe conservar y lo que se debe dejar, o mejor dicho, aquello en lo que se basta a sí mismo y aquello en lo que hay que completarlo"? (LC, p. 79).

La lección de Piaget lleva a dirigir una atención cada vez mayor hacia el niño. No es erróneo considerar que funda una nueva conducta centrada en la empatía. Se aleja de la distante neutralidad del maestro-observador, lo mismo que del comportamiento compasivo del profesor que confunde los papeles. Se trata de desarrollar una atención, una escucha que desdramatice toda situación de aprendizaje y favorezca la expresión.

Para concluir, definiremos el constructivismo como una postura filosófica que no considera el conocimiento de la realidad como un simple dato exterior que bastaría observar, ni como predeterminado en el individuo desde el nacimiento. El conocimiento resulta de la construcción por intercambios entre el individuo y el medio. Estos intercambios pueden ser realizados por la persona sola o enriquecidos mediante la colaboración entre pares. Las instrucciones oficiales *Programmes de l'école primaire* (1995, CNDP) se sitúan en esta aproximación filosófica. La oración que sigue aclara la elección de la construcción del conocimiento por medio de la actividad: "La escuela elemental se apoya en las adquisiciones de la educación preprimaria para permitir que cada alumno construya progresivamente los aprendizajes" (p. 38).

LA EPISTEMOLOGÍA

Definiciones

"Pienso que se dejaron un poco de lado los aspectos epistemológicos del pensamiento de Piaget, porque hasta fechas recientes no ofrecían una posibilidad de acción en el mundo de la educación tradicional", dice Seymour Papert (1981, p. 195). La epistemología, mal percibida en su definición,[5] ha desconcertado a numerosos profesores o lectores potenciales. Intentaremos, en los párrafos que siguen, delimitar este aspecto fundamental del pensamiento piagetiano.

El sentido original se refiere al estudio del conocimiento. Se vuelve genético[6] cuando se aboca a los procesos de crecimiento. Dicho de otro modo, la epistemología genética es la búsqueda del conocimiento en su progresión de un nivel inferior a un nivel superior, del pensamiento sensomotor al pensamiento formal. Se centra en la cuestión de saber cómo crecen los conocimientos, cómo se transforman mediante ajustes progresivos. El problema central que preocupa al epistemólogo es saber cómo es posible "alcanzar algo nuevo".

Piaget define el conocimiento como controlable y comuni-

---

[5] Etimológicamente, la epistemología es la "teoría de la ciencia". El sentido más amplio, utilizado y popularizado por los anglosajones, concierne a la "teoría del conocimiento".

[6] En la introducción de la obra *Psychologie chez l'enfant* Piaget e Inhelder precisan el término "genética". Distinguen entre el sentido que emplean y el que dan los biólogos acerca de los mecanismos de la herencia. Se refieren a la ontogénesis, es decir al desarrollo del individuo. Los autores precisan también que la finalidad de la psicología del niño, considerada tradicionalmente, es estudiar a éste por sí mismo. La psicología genética no tiene el mismo objetivo. Estudia al niño, pues éste "explica al hombre igual, y a menudo más, que lo que el hombre explica al niño" (PE, p. 6). En cierto modo la psicología genética se preocupa más por el conocimiento y por procesos de desarrollo que por la psicología en el sentido habitual.

cable. Si no es así, se encuentra uno en el terreno de la creencia. Distingue entre la teoría científica, en evolución constante, y la metafísica. La ciencia progresa y se renueva por completo, a sabiendas de que toda caducidad de una teoría beneficia a la que le sigue. En cambio, no discierne un movimiento idéntico en metafísica. Considera que desde Platón hasta Heidegger no ha progresado en nada. En esas condiciones, no puede haber un conocimiento auténtico fuera del método científico. El conocimiento se expresa a través de una dinámica. Nace de la actividad del sujeto. Adquiere sentido, no como resultado sino como momento de esa actividad. El conocimiento, dice Jean-Louis Le Moigne, "es proceso de construcción de conocimientos antes de ser resultado" (1995, p. 57).

Durante mucho tiempo la psicología estuvo dividida entre dos concepciones. Una le da primacía al sujeto, motor esencial del conocimiento. El innatismo representa esta tendencia. La concepción opuesta consiste en considerar que la única fuente de conocimiento es el medio exterior. La corriente conductista representa esta elección. El constructivismo depende de una perspectiva opuesta a ambas doctrinas. Ciertos autores, como Bronckart, lo sitúan sin embargo en el punto de confluencia de esas dos corrientes. "La epistemología piagetiana se presenta explícitamente como un término medio, como la expresión de una filosofía que no concede un papel determinante ni al sujeto ni al objeto, sino a sus interacciones" (P, p. 612). Al conferirle un carácter constructivista a la epistemología, Piaget rompe con la concepción positivista, no sin reconocer en ella ciertos aportes. "Si el empirismo lógico conserva una parte de su crédito, es porque yuxtapone las exigencias experimentales y las exigencias lógico-matemáticas, pero sus dificultades provienen justamente del hecho de que permanece en esa yuxtaposición, sin haber realizado, a falta de una perspectiva genética, la síntesis 'totalizante'" (LC, p. 1248). Considerado por algunos fenomenólogos como positivista, Piaget siempre lo ha negado. Para él el empirismo reduce el papel del sujeto a la constatación de leyes externas, por lo que la experiencia se limita a la observación de esas leyes. Por el contrario, la acción del sujeto sobre el medio está necesariamente estructurada. Al desarrollar la idea de construcción del conocimiento en la interacción sujeto-objeto, rompe el modelo lineal de Auguste Comte, quien jerarquiza los conocimientos entre disciplinas superiores (matemáticas, física) y disciplinas anexas (ciencias humanas). Al establecer su diferencia, la concepción del saber de Piaget adopta una visión sistémica. Organiza los conocimientos en un campo interdisciplinario, al integrar los terrenos lógico-matemático, físico, biológico y sociológico, definidos en comprensión y en extensión. Al revés de Comte, quien jerarquiza, Piaget entiende la epistemología como uno de los cinco componentes de la filosofía, lo mismo que la metafísica, la moral, la lógica o la psicología.

La historia de la epistemología toma sus raíces de la filosofía griega y adopta un camino que lleva de Protágoras a los nominalistas de la Edad Media. Sin embargo, Piaget toma como referencia al matemático holandés de la primera parte del siglo XX, Luitzen Jan Brouwer. En *Logique et connaissance scientifique* se encuentran diversas referencias a este autor, cuyos trabajos ha olvidado la comunidad científica internacional. En esta perspectiva, el individuo cognoscente se vuelve el sujeto epistémico, aquel cuya conducta remite a los constituyentes de la lógica, como seriar, ordenar, incluir. Piaget lo distingue del sujeto individual, que es el individuo que actúa con sus propias características cognitivas. Bärbel Inhelder, con un enfoque más consensual, habla de "sujeto cognoscente", al que define como "sujeto activo y constructor, que participa activamente del conocimiento no sólo del universo, sino de sí mismo" (1992, p. 21).

Los fundamentos teóricos del acercamiento piagetiano que se oponen al procedimiento realista o positivista son complejos y quizá sea inútil desarrollarlos en esta obra. El lector curioso puede remitirse al librito de Jean-Louis Le Moigne (1995) dedicado por entero a este problema. Daremos simplemente, en el cuadro de síntesis que sigue, los puntos principales de esta radical diferencia de concepción, de la cual encontraremos más adelante algunos elementos de discusión. Sirve para fijar los elementos esenciales en sus oposiciones. Notemos que, para ser más precisos, se tendría que hablar, en ambos casos, de epistemologías en plural, pues las variantes en el seno de una misma corriente pueden ser muy numerosas.

CUADRO II.2. *Las corrientes de la epistemología*

	Epistemología positivista	Epistemología constructivista
Autores cercanos	Platón, Tomás de Aquino, R. Descartes, A. Comte, C. Bernard, B. Russell, J. Monod, R. Thom	Protágoras, Aristóteles, Montaigne, Pascal, Kant, G. Bachelard, G. Bateson, J. Piaget
Concepción del conocimiento	El conocimiento es sobre sobre todo un hecho, un estado. La realidad existe independientemente del sujeto. No hay realidad sin leyes causales	El conocimiento es más un proceso. La realidad existente está construida por el sujeto. El sujeto se refiere a finalidades cuando construye el saber
Concepción del método	Hay que reducir el problema a su expresión más simple, y analizarlo mejor. La razón basta para privilegiar el formalismo	Hay que situar el problema en una dimensión global y sistémica. Construir el hecho significa apelar también a lo verosímil

Como conclusión provisional, le damos la palabra a Jean Piaget:

Así nació la epistemología genética, investigación esencialmente interdisciplinaria que se propone estudiar la significación de los conocimientos, de las estructuras operativas o de las nociones, al recurrir, por una parte, a su historia y a su funcionamiento actual en una ciencia determinada [. . .] por otra parte a su aspecto lógico [. . .] y finalmente a su formación psicogenética o a sus relaciones con las estructuras mentales [SIP, p. 107].

Elementos de discusión (el debate con el positivismo)

Decíamos que Piaget siempre se mantuvo apartado de una orientación filosófica: el positivismo. En numerosos textos señala sus divergencias con conceptos que considera erróneos.

"Mi cabeza de turco es el positivismo lógico [. . .] es el empirismo radical, para el que en el conocimiento todo proviene de la percepción" (CLP, p. 190). Por lo demás, ¿acaso no habla Piaget, no de ideas ni de conceptos, sino de "decretos positivistas"? (SIP, p. 154).

En el fondo, lo que el epistemólogo suizo reprocha a las teorías del empirismo no es que le den un papel a la experiencia. Se trata más bien de denunciar el hecho de que la experiencia empirista no es más que una pequeña parte de la experiencia constructivista. Sólo es observación, percepción, descubrimiento de un real ya construido, sobre el cual el sujeto no tiene influencia alguna. Es verdad que procede del acomodo del sujeto a la particularidad del objeto. Esta frase, sin embargo, no basta para constituir la actividad estructurante. El sujeto observa de modo pasivo. El término *pasivo* no debe ser entendido en su componente motor, sino en el sentido de que el sujeto no desarrolla ninguna actividad mental. La actividad empirista está, por lo tanto, incompleta. No toma en cuenta la asimilación del objeto a los esquemas del sujeto, ya que éste no actúa. No sólo no actúa sino que es actuado, se encuentra a la merced del medio sobre el cual no tiene ninguna posibilidad de intervención, pues en la visión positivista el conocimiento viene de lo externo, del objeto. Según Piaget esta postura, definitivamente, es insostenible. Todo su trabajo consiste en mostrar que ningún conocimiento "se debe a las meras percepciones, pues éstas siempre se encuentran dirigidas y enmarcadas por esquemas de acción" (TLA, p. 53). El acomodo no puede existir sin la asimilación, que constituye el motor del acto cognitivo, por lo cual la experiencia empírica es sólo una parte de la acción, insuficiente para constituir el conocimiento de modo operativo.

El debate entre los constructivistas y los positivistas —estos últimos esencialmente lógicos y matemáticos— a menudo fue acalorado. Sin embargo, algunos de ellos colaboraron en las investigaciones del Centro Internacional de Epistemología Genética. Piaget suscitaba confrontaciones interdisciplinarias que permitían intercambios de ideas, cuya riqueza se refleja en los números de *Études d'Épistémologie Génétique*.

Al ilustrar este debate elegimos la discusión entre Jean Piaget y el matemático René Thom, considerado como miembro de la corriente positivista. La cuestión se refiere a la construcción del espacio por el niño, y, de modo más preciso, al espacio gráfico del dibujo y su componente métrico.

Para Piaget el espacio representativo se construye primero en una fase global —las estructuras topológicas—, después en una etapa proyectiva y finalmente en una fase euclidiana, con la constitución de una métrica. Thom expresa varias objeciones. Recuerda que la finalidad —las estructuras euclidianas— rara vez es alcanzada por nuestros contemporáneos: "¿Cuántos son capaces de situarse en un medio que conocen mal?" (TLA, p. 505). También observa que los niños de corta edad no desconocen todos los elementos de la métrica. La actividad del lactante parece indicar el uso preciso de las relaciones de distancia, con gestos de prensión fina. En cuanto a las aparentes desproporciones que pueden surgir en ciertas producciones gráficas infantiles, René Thom las explica. Toma el ejemplo de un niño que, al dibujar a su familia, representa a "un papá muy pequeño ante una mamá gigantesca" (*op. cit.*, p. 507). En realidad, no está en juego su incapacidad para definir métricamente el tamaño respectivo de sus padres, pues las desproporciones se explican de otro modo. Para el matemático el niño expresa, así, lo predominante vivido o experimentado de modo afectivo. René Thom concluye su artículo con una crítica acerca de la influencia de las teorías piagetianas en pedagogía. Han "servido como garantía para la empresa modernista de enseñanza de las matemáticas, con enojosas consecuencias" (*op. cit.*, p. 509).

Piaget respondió a cada uno de los argumentos. Para empezar, recuerda que la construcción de la métrica por parte del niño empieza muy pronto. Sin embargo, su desarrollo no es regular. Primero intuitiva, dicha construcción se reorganiza en cada etapa por integración y superación de las adquisiciones previas. El dominio de la medida es, por lo tanto, la conclusión de una larga preparación cuyos rastros son perceptibles en todas las etapas. "Desde la etapa sensomotriz —dice Piaget— existen cuantificaciones" (TLA, p. 511). Añadamos que las investigaciones del epistemólogo nos instruyen sobre el hecho de que existen dos tipos de operaciones en el niño.

Unas, las operaciones lógico-matemáticas, se refieren a los objetos considerados bajo el ángulo de sus relaciones (clasificación, seriación, etc.). Las otras, las operaciones infralógicas, se refieren al objeto mismo. En el niño de nivel preoperativo, ambas categorías de operación están indiferenciadas. Esta ausencia de diferenciación puede producir confusiones y errores de interpretación en la acción del lactante.

En lo que toca al dibujo del niño y las desproporciones de los personajes, Piaget señala que la interpretación psicológica, por interesante que sea, es en esencia discutible, y no podría constituir la única respuesta.

Otro punto del debate, cuya respuesta nos interesa de modo directo, son las matemáticas modernas. Acerca de las aplicaciones pedagógicas de sus ideas Piaget expresa que no es "responsable en modo alguno" *(idem)*. Quiere tranquilizar a René Thom sobre sus reservas y su escasa simpatía por la enseñanza de lo axiomático. Este punto nos permite volver a un sofisma ampliamente difundido, según el cual las matemáticas modernas habrían sido definidas, ajustadas y desarrolladas por instigación de Jean Piaget. El supuesto objetivo de la maniobra era que el formalismo debe sustituir poco a poco los contenidos contextualizados. Para encuadrar mejor la realidad del problema, basta remitirse al artículo "Une heure avec Piaget" (INRDP, *Revue Française de Pédagogie*, 37, pp. 5-12, 1976). El tema de la entrevista, entre el investigador y un grupo de profesores de matemáticas, está dedicado a esa reforma.

Primero, Piaget precisa un elemento de vocabulario que se refiere al símbolo mismo de la matemática moderna, a menudo llamada teoría de los conjuntos. "Me parece abusivo llamar conjunto a cualquier pequeño paquete de elementos" *(op. cit.,* p. 6). Para él el conjunto resulta de una abstracción establecida sobre la construcción y la conservación del número. Llama *clase* a lo que el lenguaje escolar, al igual que el lenguaje común, a menudo denomina *conjunto*.[7]

Después, Piaget evoca las situaciones artificiales, falsas,

---

[7] Piaget actúa aquí como lógico. Ambos términos (clase y conjunto) fueron diferenciados por unos teóricos de lo axiomático, Von Neumann y Gödel. Para ellos, si bien es posible afirmar que todo conjunto es una clase, lo contrario es lógicamente falso.

prefabricadas, en las que a menudo interviene el juego como sustituto o simulación de la realidad. Para él "es totalmente artificial"; más bien hay que "pensar en lo real como es" (*ibidem*, p. 9), con sus situaciones diversas por naturaleza. Es preferible actuar sobre la realidad matemática a imaginar situaciones que desvían al niño del objetivo y que no lo ayudan a resolver la situación. Entre las herramientas cuyo empleo puede constituir una ayuda figuran las representaciones, a condición de emplearlas con prudencia. Un uso sin discernimiento desemboca "en un verbalismo de la imagen tan peligroso como el verbalismo de las palabras" (*ibidem*, p. 10). Piaget alude entonces al empleo desenfrenado de los colores, cuya imposición enmascara la realidad del objeto representado. En lo que toca a los esquemas, diagramas y otros cuadros, no se opone de ningún modo a ellos. Incluso desarrolla la intención con el ejemplo de los esquemas del cubo, que permiten presentar el volumen bajo distintas perspectivas. En tal caso la esquematización, que favorece el descentramiento, toma un carácter más operativo que figurativo y resulta cognitivamente muy benéfica.

El debate con René Thom permitió ajustes, probablemente necesarios. Acerca del empleo pedagógico de sus ideas, Piaget ya había tenido la oportunidad de precisar su pensamiento. Recordemos este texto, en el cual temía "diversos malentendidos posibles" (PP, p. 69). Recordaba sobre todo que educar para la abstracción y la deducción no podía hacerse con el empleo de métodos abstractos. Muy por el contrario, si bien la construcción de la abstracción sigue siendo el primer objetivo, debe ser abordada "por etapas continuas a partir de las operaciones más concretas" (PP, p. 69).

Para concluir este punto, uno se percata de que, en sus distintos escritos, Piaget se mostró muy prudente ante una reforma que tocó a varios países europeos (como Suiza). Afirmó la necesidad de evitar dos escollos contradictorios: "una matemática moderna impartida con una pedagogía arcaica", por una parte; "una matemática moderna que pretendiera ser axiomática de buenas a primeras", por otra (INRDP, p. 12). No se puede dudar de que, en Francia, el barco pedagógico se haya hundido junto a los dos arrecifes al mismo tiempo.

Consecuencias prácticas

Una primera consecuencia de las líneas anteriores consiste en decir que los profesores deben beneficiarse con una formación de alto nivel. Enseñar matemáticas, cualquiera que sea el grado de ejercicio, requiere un profundo conocimiento disciplinario y un conocimiento de la epistemología de la materia. No es seguro que los legisladores le hayan dedicado toda su atención a este punto. Por ejemplo, sorprende darse cuenta de que persisten confusiones en el seno de los programas oficiales. Así, no existe una diferenciación en el estatuto de ciertos objetos matemáticos cuando se colocan en el mismo nivel las figuras planas cuadrado y rectángulo (*Programmes de l'école primaire*, 1995, pp. 49 y 64).

Además, Piaget insistió mucho en la formación de los maestros de la enseñanza primaria en psicología. Preconizaba no conformarse con las meras aproximaciones librescas, sino desarrollar colaboraciones diversas. Pensaba principalmente en la universidad, "el único entorno en que los maestros de la escuela pueden aprender a convertirse en investigadores y superar el nivel de simples transmisores" (PP, p. 171). El establecimiento de los IUFM (Institutos Universitarios de Formación de los Maestros) es una respuesta pertinente a la preocupación por integrar nivel de formación y curso universitario. Sin embargo, la organización actual, que prevé un solo año de formación profesional posterior al curso, merecería ser reconsiderada. Si enseñar ya no significa reproducir conocimientos, ¿cómo entender que un profesor de secundaria se forme durante varios años para la única materia que impartirá, mientras que un profesor de primaria no se beneficia con un crédito semejante de formación académica? Una explicación con sentido común es que parece más fácil que un alumno de la escuela elemental adquiera una noción de matemáticas o de gramática que el que un alumno del liceo lo haga con una noción más compleja de la misma materia. Ahora bien, el sentido común contradice los datos epistemológicos. Para Piaget la dificultad reside más en el nivel primario que en el nivel secundario, porque "el adolescente, precisamente, está más cerca, en cuanto a su organización mental, del modo de pen-

sar y de hablar del adulto" (PP, p. 173). Es entonces, paradójicamente, más difícil que construyan nociones simples los
alumnos de ciclo 2 que los de liceo, con nociones complejas.
Tomar en cuenta este hecho significa reconsiderar tanto la
formación como la práctica. Aparece entonces otro problema,
el de la polivalencia, que entonces se vuelve una práctica ina-
decuada.

Decíamos al principio del capítulo que la epistemología estudiaba el conocimiento en sus procesos de desarrollo. El
alumno, desde esta perspectiva, se ha vuelto el "sujeto cognoscente" del que habla la filosofía, y actor de la construcción
de su saber. La ley de orientación ha optado por este acercamiento resueltamente innovador de la educación. Recordemos que elegir un método activo es permitir que el alumno
elabore lo real a través de su acción directa, y mentalizada
después. Esta elección implica abandonar la concepción de
una enseñanza esencialmente basada en la transmisión verbal. Supone reflexionar en los momentos y en los contenidos
de formación al desarrollar la colaboración con la investigación universitaria. También supone pensar la práctica cotidiana en el marco concertado de los proyectos y de las posibilidades ofrecidas por los intercambios de servicio en el seno de
los ciclos.

EL LENGUAJE

El terreno de la adquisición del lenguaje ha suscitado, más
que cualquier otro, intercambios contradictorios. Presentamos aquí los elementos más significativos de la teoría piagetiana, y los comparamos con distintos puntos de vista, como
el del psicólogo francés Henri Wallon.

Definiciones

Piaget adopta la postura general según la cual es la inteligencia la que produce el lenguaje; éste permite acelerar después
el aprendizaje. Para él, el lenguaje infantil reviste un carácter
asocial que desaparece con la socialización del niño. El pe-

queño monologa, pero no comunica. El lenguaje del niño pequeño manifiesta egocentrismo. En lo que toca al medio, lo mismo que en lo que toca a los demás individuos, el pequeño se encuentra en el corazón de un mundo físico y social desconocido. "Sólo podrá ser víctima de la perspectiva particular en que las circunstancias lo colocan" (LP, p. 69). Toda la labor de salida del egocentrismo, afirma Piaget, no consiste en acumular saber sobre el mundo físico y social. Depende más del descentramiento, del establecimiento de la gama de las posibilidades en relación con una situación dada. Es este largo camino recorrido el que emprende el pensamiento del niño, auxiliado por distintas herramientas, como el lenguaje. En el fondo Piaget, al revés de otros psicólogos, no le da una preferencia absoluta al lenguaje, que considera como un medio entre otros. Lo integra a una amplia función simbólica,[8] que agrupa al pensamiento verbal junto con la imitación representativa, el juego simbólico y la representación en imágenes.

Piaget sitúa al lenguaje en una perspectiva ligada con la significación. Desde la fase sensomotriz del lactante, antes de que aparezca el lenguaje, la actividad es significante. La asimilación de un nuevo objeto situado cerca de la cuna, al integrarlo a los esquemas existentes, equivale a reforzar la significación. Esta primera fase va seguida de la constitución de la función simbólica, que permite el desarrollo de nuevas conductas. La evocación y la representación de un objeto o de un acontecimiento son las que permiten su inscripción en el tiempo y en el espacio. La epistemología distingue cinco conductas esenciales, ordenadas de la más simple a la más compleja.

La imitación diferida: interviene cuando el niño pequeño es capaz de reproducir una conducta observada anteriormente, en ausencia de la persona observada.

El juego simbólico: el gesto reproduce una situación fuera de contexto. Es, por ejemplo, el niño que finge dormir.

---

[8] Piaget llama función simbólica a la capacidad del niño de diferenciar los significados y los significantes; éstos permiten representar a aquéllos. También la llama función semiótica, "pues cubre no sólo el empleo de los símbolos, sino también y sobre todo el de los 'signos' (verbales, etc.) que no son símbolos en sentido estricto" (PPG, nota p. 89).

El dibujo: Piaget considera el dibujo como intermediario entre el juego simbólico y la imagen mental.

La imagen mental: es imitación interiorizada que permite la construcción del esquema del objeto permanente. Al principio del nivel sensomotor una pelota que desaparece de la vista del niño no es buscada en el lugar en el que se supone que se encuentra. El objeto no existe fuera de la acción motriz que se ejerce directamente sobre él.

La evocación verbal: la expresa el lenguaje. El niño empieza a hablar. El lenguaje le permite expresar, entre otras cosas, los objetos, las personas ausentes o los acontecimientos pasados.

Por eso, como lo recuerda con pertinencia la psicóloga Zelia Ramozzi, "no es el lenguaje el que le permite al ser humano entrar en el mundo de los símbolos, sino que, al contrario, la capacidad orgánica de crear símbolos, es decir, la función semiótica, es la que le permite al ser humano adquirir el lenguaje" (1989, p. 147).

La aparición de la función del lenguaje permite desmultiplicar el potencial mental. Piaget nota que el verbo hace posible no sólo describir la acción que transcurre, sino establecer conexiones con otras acciones. También desarrolla el dominio del tiempo y del espacio, al permitir "liberarse de lo inmediato" (PE, p. 68). Facilita asimismo las globalizaciones de situaciones, al revés de las conductas sensomotrices, que sólo ofrecen una percepción fragmentaria de la actividad, acción tras acción. En este sentido, se percibe que el lenguaje es un elemento particularmente importante de la función semiótica. Lo que caracteriza a ésta es el desarrollo de la capacidad de evocar por medio de significantes diferenciados. Ella es la que, por su conjunto de conductas, permite construir un pensamiento representativo abierto, que va más allá del pensamiento sensomotor, prisionero de la acción que transcurre. Piaget indica que no hay ruptura total entre la fase de representación que se construye y la fase perceptiva anterior. Considera que la imitación sirve como vínculo entre ambas etapas. Por lo demás, añade, es "en un contexto de imitación como se adquiere el lenguaje" (PPG, p. 90). La impregnación permanente constituye el medio en el que la conducta de imitación se realiza naturalmente gracias a la actividad. El medio no se vive de modo pasivo, sino que es construido. Esta constatación le permite a la epistemología diferenciarse de las tesis según las cuales el lenguaje dependería del puro condicionamiento. En este último caso, ¿por qué no aparecería de modo más precoz la función del lenguaje? La aparición del lenguaje numerosos meses después del nacimiento, además de su dependencia respecto a una maduración nerviosa, parece mostrar que se trata de un fenómeno integrado a una estructura global. Ese conjunto organizado de procesos de representación es el que constituye la función simbólica.

Piaget considera que el lenguaje constituido, a pesar de su importancia, no basta para construir la inteligencia. Sólo las acciones, y luego su interiorización en forma de operaciones, permiten la construcción del pensamiento inteligente. "Si bien el lenguaje favorece esta interiorización, no crea ni transmite exclusivamente por la vía lingüística esas estructuras ya hechas" (PPG, p. 91).[9]

Esta postura es el resultado de una constatación metodológica continuamente mejorada. En 1919, cuando estudiaba en París, Piaget estableció un método de entrevistas durante los *tests* aplicados a niños. Después ajustó nuevamente el procedimiento, pues estimó que le otorgaba demasiado lugar al verbalismo. Prefirió provocar la acción del niño. Piaget está convencido de que la actividad lógica del niño se traduce con más fidelidad en las acciones que efectúa y que interioriza, que en la formulación oral que da de ellas. Piensa que el lenguaje puede incluso resultar un obstáculo, una herramienta que penaliza y deforma el pensamiento del niño u obstaculiza su comprensión real.[10] Para él el lenguaje se sitúa en el proyecto de construcción de la lógica. La lengua se emplea para desig-

---

[9] Ciertas investigaciones efectuadas con niños sordos, en particular las del psicólogo francés Pierre Oléron, muestran que su desarrollo lógico es paralelo al de los niños que no tienen ese inconveniente. No se desenvuelven en el lenguaje articulado, pero el desarrollo de las estructuras lógicas no se ve sensiblemente afectado.

[10] No estamos lejos de Wittgenstein: "El lenguaje trasviste al pensamiento" (1993, p. 46).

nar el objeto, en su realidad y en su concepto, en sus relaciones con los demás objetos.

Así, cuando un niño pequeño adquiere la conservación del objeto, empieza a nombrarlo. La palabra no crea el objeto ni el concepto. La palabra acompaña al objeto, lo representa. Un niño de 2 años llamará "roja" a cualquier forma rectangular, porque habrá asociado este color con la primera forma rectangular que percibió. Incluso le sorprenderá que pueda ser de otro modo, y podrá hasta rechazar que otras personas designen el objeto de manera diferente. Sólo cuenta su punto de vista verbal, característico del pensamiento egocéntrico. Más adelante surge una dificultad cuando un objeto es designado por sus propiedades de inclusión, a pesar de que la operación lógica de inclusión no esté construida. ¿Qué puede entender un niño de 5 años en una estructura verbal como "Algunos animales marinos son mamíferos", si la imbricación jerárquica de clase no está adquirida? Sin embargo, ¡es una estructura que hemos hallado en un libro destinado a alumnos de segundo ciclo! De modo parecido, el empleo de ciertos conectores (por lo tanto, porque, a pesar de. . .) es incorrecto durante bastante tiempo. Piaget precisa que los niños entienden que existen relaciones entre las proposiciones de una misma frase. Pero no existe la necesidad de justificación lógica antes de los 7-8 años; por ende, es difícil dominar el empleo del conector correcto. Añade: "El término 'por lo tanto' no existe en la lengua del niño antes de una edad que aún no podemos determinar con estadísticas precisas, pero creemos poder establecerla, según nuestras observaciones, después de los 11-12 años, es decir en la edad en que aparece el pensamiento formal" (JR, p. 33).

Como eco a las constataciones del investigador, podemos interrogarnos acerca de los programas de gramática de la escuela elemental. Haremos dos breves observaciones. Por una parte, ¿cómo se entienden realmente las dos palabras empleadas a diario en clase y aparentemente banalizadas: verbo y sujeto? El profesor que habla del "verbo de la oración" ha interiorizado el concepto desde hace varios años. Sin embargo, ¿estará seguro él mismo de que percibe toda su significación? El alumno no tiene ninguna experiencia, ninguna distancia,

CUADRO II.3. *El desarrollo del lenguaje en el niño*

Referencias	Características	Papel del lenguaje	Vida social
De los 4 a los 7 años	El niño parece tener incontinencia verbal. Le es difícil guardar sus pensamientos. Es la característica del egocentrismo, marcada por la dificultad de considerar otro punto de vista	El niño habla, más que nada, para sí mismo. La palabra acompaña y refuerza la actividad individual. La oalabra afirma pero no justifica	Hasta los 5 años el niño trabaja esencialmente de manera solitaria. Hacia los 6-7 años, se observa la formación de pequeños grupos
A partir de los 7-8 años	Pérdida de importancia del egocentrismo. La comprensión se apoya en las explicaciones verbales	Mejor comprensión verbal entre niños. Comunicación más objetiva del pensamiento	Los alumnos sienten cada vez más la necesidad de trabajar juntos

ninguna referencia. ¿Qué representación real del "verbo de la oración" ha construido al concluir la escuela primaria? Por otra parte, al conocer las condiciones de elaboración de los conectores lógicos, no sorprende que el estudio de la oración compleja, efectuado al final del ciclo 3, represente una dificultad real.

Elementos de discusión (el debate con Henri Wallon)

Para el conductismo el niño aprende a hablar con sus padres a partir de la secuencia estímulo-respuesta. Para los innatistas, como Chomsky,[11] el niño no aprende, porque llega al mundo con el lenguaje. Existe una especie de fundamento universal referido a la lengua, independiente de las culturas, común a todos los individuos. El carácter innato del lenguaje estaría inscrito en los genes. La comparación más común es la del pájaro que sabe hacer su nido, aparentemente sin imitación ni aprendizaje de ningún tipo. Ciertos investigadores, como Wells, muestran que una de las claves del desarrollo de la palabra se encuentra en el estímulo que resulta de la estrecha relación madre-lactante. Para Vygotski, el lenguaje infantil es social. Cuando se interioriza, es para favorecer la construcción del pensamiento consciente. El lenguaje cumple entonces una función doble, si no contradictoria, al menos sí complementaria. Primero es instrumento privilegiado de la relación hacia el otro. El pensamiento se forma al enfrentarse con el pensamiento del otro, pareja u oponente. Se construye en la interacción. El lenguaje es también instrumento de elaboración de la conciencia del individuo. Es herramienta de la autonomización. Desde esta perspectiva, es un instrumento paradójico que crea la independencia del individuo y que sella su dependencia hacia los demás.

Esta perspectiva no se aleja de la postura del psicólogo

---

[11] El lector interesado por sus tesis puede consultar el libro *Théories du langage, théories de l'apprentissage.* Se trata de las actas del coloquio de Royaumont, en 1975. Unos treinta investigadores, como Bateson, Changeux, Inhelder, Jacob, Monod y por supuesto Chomsky y Piaget, abrieron un debate muy acalorado sobre los problemas del lenguaje.

francés Henri Wallon, quien le atribuía al lenguaje una importancia determinante en la construcción de la inteligencia. Para él, la comunicación desempeña un papel esencial en la formación del pensamiento, y parámetros como la afectividad adquieren una gran importancia. La evolución del lactante está determinada desde el nacimiento por la relación hacia la madre, pues el bebé humano es el más dependiente de todos los animales, y está obligado a establecer una relación para vivir. La socialización es una necesidad. Para Wallon la emoción es el vínculo entre el niño y su madre. Habla de estadio emocional para caracterizar los primeros meses. Los movimientos que hace el bebé son primero una exteriorización de esa emoción: una manifestación de su ser y un medio de establecer una relación con el otro. Según Wallon, el gesto del niño que señala un objeto con el dedo prepara para el futuro lenguaje articulado. Si las situaciones de comunicación son variadas y numerosas, y si la motivación es importante, entonces el lenguaje se construirá de manera sólida. El psicólogo francés define la función simbólica como mecanismo de sustitución que se arraiga en el nivel sensomotor. Sustituir el objeto real con una representación —ésta puede ser un gesto, una imagen, un signo, una palabra, y la palabra es la representación más acabada, porque es la más abstracta— ya no guarda relación con el objeto. El lenguaje es una herramienta que arma tanto las estructuras cognitivas del niño como la relación con el otro. Se entiende que, en esta hipótesis, las variaciones del contexto racional y de la situación social sean factores que puedan aumentar o aminorar el desarrollo del lenguaje.

Para Piaget es sólo un instrumento de elaboración de representaciones entre otros. Para Wallon —pero podemos asociar este pensamiento, con algunos matices, sin embargo, con Vygotski y Bruner— la interacción social es el factor determinante en la evolución del lenguaje. La diferencia entre el epistemólogo suizo y el psicólogo francés aparece principalmente aquí. La etapa sensomotriz de Piaget es la etapa constructiva de la conquista del objeto. Para el francés, es la etapa de integración del niño pequeño al entorno humano más cercano. Se puede decir esquemáticamente que para Piaget hablar significa primero hablar de algo; para Wallon, hablar significa primero hablarle a alguien.

Señalemos, en fin, entre las investigaciones actuales, las que emprendió Bénédicte de Boysson-Bardies, sintetizadas en la obra *Comment la parole vient aux enfants* (París, Odile Jacob, 1996). Según ella, a los balbuceos de los primeros meses sigue un periodo marcado por una diferenciación entre dos procesos. Por una parte, se presenta una fase de comprensión, hacia los 8-12 meses. El pequeño entiende cada vez más palabras, pero no es capaz de decirlas. Por otra parte, a partir de los 12 meses, hay una fase de reproducción progresiva, con un paso de 50 a 100 y 150 palabras de las 200 o 300 que entiende. Hacia los 24 meses se establece la etapa sintáctica, marcada por una producción de frases que se dominan cada vez mejor. Notemos también, en las investigaciones emprendidas, un experimento anotado por Boysson-Bardies. Según ella algunos niños pequeños memorizan de modo prioritario las palabras, mientras que otros son más receptivos al sistema de entonación. Más tarde los segundos estarían más versados en el terreno creativo. Existiría así una verdadera diferenciación cognitiva, en términos de lenguaje, que se inscribiría en la gama de los estilos cognitivos.

Las diferencias entre Piaget y Wallon acerca del lenguaje son sintomáticas de lo que fueron sus intercambios. Sin embargo, los une una semejanza de pensamiento en torno a la idea de transición de la etapa sensomotriz a la etapa representativa. Ambos consideran el desarrollo según un esquema bastante cercano. Ambos discrepan de la explicación maduracionista lineal. Uno y otro coinciden en torno al doble movimiento de continuidad-discontinuidad. La elaboración del pensamiento se efectúa a través de un proceso continuo de mejoramiento del conocimiento. Piaget habla de la presencia constante de la función de adaptación, basada en el doble proceso de asimilación y de acomodo. A esta continuidad funcional le corresponde una discontinuidad estructural. Las estructuras no progresan mediante el aumento regular de contenido, sino por una reconstrucción completa de los mecanismos de adaptación.

Sin embargo, a pesar de la coincidencia en un punto importante, las divergencias son numerosas; hemos ilustrado más arriba algunas de ellas. Más allá, la primera oposición se refería al método de trabajo y a la mirada de cada uno sobre el trabajo del otro. Wallon busca la diferencia en cualquier terreno. Este acercamiento contradictorio de los hechos no carece de referencia metodológica con el materialismo dialéctico. En sus escritos la diferencia con el epistemólogo se encuentra sistemáticamente subrayada. Por el contrario, Piaget busca lo que pueda favorecer el acercamiento y el consentimiento. Por cierto que es conocida esta conducta suya, sea cual sea el oponente o el contradictor. Por ejemplo escribe, como conclusión de un artículo publicado en 1962: "me agrada terminar esta breve nota en homenaje a Wallon, y expresar mi seguridad en el carácter complementario de nuestras mismas obras".[12]

Cuando insiste en lo complementario, Piaget se refiere a que el terreno de investigación de Wallon es el de la emoción y la afectividad, mientras que el suyo es el de la lógica y la inteligencia. Uno es epistemólogo, el otro es psicólogo. Se trata de un juicio erróneo si se busca comparar o someter las investigaciones de uno al terreno del otro. Acerca de la diferencia de concepción relativa al papel del lenguaje entre el constructivismo piagetiano y el interaccionismo social, varios textos establecen un balance preciso. El lector deseoso de desarrollar su reflexión puede consultar el artículo de Jean-Paul Bronckart "Les fonctions de représentations et de communication chez l'enfant" (P, pp. 680-714).

Wallon sitúa en un segundo plano el componente individual del lenguaje, para tomar en cuenta principalmente el componente social. Por el contrario, Piaget integra el lenguaje en el terreno de la representación. Ésta se inscribe en un proceso de construcción que el niño organiza al actuar sobre su medio. La orientación constructivista tiene tres consecuencias. La primera revela el hecho de que la idea preexiste en el pensamiento antes de que la palabra logre expresarla. La segunda muestra que hay ideas que las palabras no saben ex-

---

[12] Se trata del artículo "Le rôle de l'imitation dans la formation de la représentation", publicado en la obra de R. Zazzo, *La vie et l'œuvre d'Henri Wallon; Psychologie et marxisme*.

presar o que sólo pueden expresar con dificultad. La tercera, en fin, conduce a una perogrullada: decir la idea con palabras es organizar, modificar, restructurar el propio pensamiento. En la escuela las implicaciones de lo anterior son numerosas.

Consecuencias prácticas

Cualquiera que sea el punto de vista teórico adoptado, cada profesor admite que el aula es un lugar privilegiado para desarrollar una expresión naturalmente rigurosa. Sólo una actividad real, que conlleva la mentalización, puede conducir a una expresión de lenguaje aumentativa. La práctica argumentativa produce la necesidad de expresarse con un lenguaje preciso. El artificio de oralizaciones exclusivamente descriptivas, narcisistas y limitadas presenta un interés restringido. El lenguaje cae entonces en un modelo normativo, indiferenciado. Una actividad oral estructurada es la oportunidad para establecer juicios de diferenciación. Sabemos que los alumnos establecen estrategias de aprendizaje por medio de estilos propios. Uno, orientado principalmente hacia la impulsividad, tiende a apropiarse de la palabra. Otro, más reflexivo, interioriza sus palabras antes de decirlas. El papel del maestro es el de mediador, y consiste en regular el conjunto para que cada quien se exprese y escuche.

Se advierte que todo lo que acabamos de escribir se contradice con el verbalismo exclusivo del profesor, encerrado en los métodos de reproducción. A partir de entonces, el papel esencial del maestro parece ser el de mediador. En el terreno del lenguaje se verá llevado, en particular, a interpretar las palabras de los alumnos que tienen dificultades para expresar la idea, o cuyo nivel de comprensión es insuficiente. Cada vez que la oportunidad, o la necesidad, se manifiesta, puede hacer un rodeo entre pensamiento y lenguaje. Existen múltiples situaciones en las que la representación gráfica es la expresión original de la idea. ¿Cómo dirigir provechosamente a alguien en un lugar que no conoce? La representación es un momento de reorganización de la idea, un elemento de clarificación que facilita la oralización. Esta técnica es útil tanto en la resolución individual como en el trabajo de grupo. Muchos métodos cognitivos de inspiración piagetiana insisten en la importancia de esta fase.

El maestro también ejerce mucha vigilancia para acorralar las ilusiones vinculadas con el lenguaje. A veces los alumnos emplean sustantivos sin conocer su significado o sin compartir colectivamente el mismo sentido. Ya el filósofo Wittgenstein observaba: "En el lenguaje cotidiano es muy frecuente que una misma palabra designe de un modo distinto —y que por lo tanto pertenezca a diferentes símbolos— o que dos palabras, que designan de modo distinto, se empleen exteriormente del mismo modo en la proposición [. . .] Así es como se producen con facilidad las confusiones fundamentales" (1993, p. 42).

Es necesario poder manejar la inclusión para captar situaciones isomorfas como: "éste es el grupo de los alumnos que comen en el refectorio", "éstos son los pocos alumnos que comen en el refectorio", "éstos son todos los alumnos que no comen en casa". En el ciclo 3 reflexionar acerca de este tipo de propuestas, y representarlas, facilita la organización del pensamiento lógico y, para empezar, la expresión lógica de este pensamiento. Ciertamente la formulación correcta del lenguaje puede resultar de una imitación y de una reproducción hechas con atención. Sin embargo, el lenguaje se arraiga de manera más duradera cuando corresponde a situaciones que hayan implicado una actividad mental. Por medio de la manipulación de los elementos de lenguaje en diversos contextos se diferencian las terribles polisemias. ¿Qué puede entender un joven alumno que escucha cada día la palabra "punto" con sentidos radicalmente opuestos? ¿Se trata del signo de puntuación que termina la frase, del elemento geométrico que marca una posición, de la calificación que se obtiene en una respuesta correcta? Sin hablar del primer "punto" de la exposición ni del "point de côté"* que amenaza al cuerpo durante una prueba física, ni, por supuesto, de la gama de los homófonos. Mientras que el adulto distingue

---

* "Point de côté", literalmente "punto de costado", es lo que se conoce como "dolor de caballo". [T.]

cada sentido de manera natural, es probable que el alumno busque en vano una relación semántica. ¿Cuántos alumnos representan el punto A de una gráfica con el signo de puntuación? No cabe duda de que este ejemplo es paradigmático. En su mente la palabra "punto" representará fácilmente, casi siempre, la marca final de la oración. El alumno lo ha identificado desde que emplea los libros. La existencia del objeto (el punto que termina la frase) es tan omnipresente que fagocita a los demás sentidos. Al otro lado, en el discurso matemático, la separación entre la palabra y el objeto es distinta, ya que el objeto (la porción de espacio más pequeña que se pueda concebir) carece de existencia tangible. ¿Dónde puede uno encontrar el punto A que no sea en los enunciados de matemáticas? La realidad matemática es formal. La adecuación palabra-objeto ni siquiera se plantea. Cuando el lenguaje se encuentra atrapado a ese grado, el profesor debe actuar como elemento de despeje. Es un enunciador vigilante, lo cual equivale a admitir que en la escuela todo discurso es metadiscurso. La palabra no existe por sí misma. Decir la palabra es reflejarla en un espejo para construir su sentido, distinto de los demás sentidos; es aclarar las confusiones que perjudican y construir en el momento oportuno un lenguaje común.

Concluiremos relatando un experimento realizado por el psicólogo Albert Morf, colaborador del Centro Internacional de Epistemología Genética, y profesor en la Universidad de Montreal. Se trata de una práctica dirigida en el terreno del aprendizaje de la lectura. Para no imponer la ortografía de modo artificial, cuando el alumno quiere escribir una palabra se le invita a buscar todas las grafías posibles. Sólo después se le da la escritura convencional. Todo el salón participa en la búsqueda y se apropia del lenguaje. Al explorar el campo de las posibilidades, al dejar que se emitan hipótesis, se crea una gran familiaridad con la codificación escrita. Esta desdramatización le permite al alumno admitir con más facilidad el uso y la necesidad de compartir una misma convención para que todos puedan entenderse. El código común ya no depende de una sola imposición, sino de la aceptación (el reconocimiento) común de un mismo código. Además, este ejercicio hace que el alumno adquiera la costumbre de separarse de la división restrictiva de una convención. Así, esta actividad, que puede parecer desconcertante, resulta un ejercicio de preparación para usos posteriores. Se impone una ilustración: ¿cómo puede el alumno buscar una palabra en un diccionario si no es capaz de imaginar las distintas grafías posibles de dicha palabra?

La práctica confirma diariamente que el empleo del lenguaje oral es primordial. Pero se trata menos del verbalismo del profesor o de las producciones pasivas de los alumnos que de las palabras contextualizadas, argumentadas, que traducen una construcción interior. Colaboradores de Piaget mostraron que la acumulación de datos verbales que no conducen a actividades mentales no son de ninguna ayuda para que el niño resuelva una situación. Por el contrario, el resultado parece incluso negativo; conviene consultar el artículo de Jean Piaget "Le langage et les opérations intellectuelles" (PPG, pp. 81-96). Estas observaciones desmienten la idea de remediación y de sostén, conceptos basados en la reproducción verbal idéntica. Repetir un ejercicio no sirve de nada cuando la estructura operativa sobre la que descansa la noción no está construida por el alumno. Del mismo modo, la explicación adicional también puede resultar vana. Las palabras no pueden sustituir la construcción operativa. Es preferible establecer situaciones activas y favorecer la construcción de esquemas. Sólo la confrontación concreta y la petición de esquemas mentales pueden beneficiar al alumno: la actividad de la mente pone a funcionar la actividad del lenguaje.

LAS ETAPAS DE DESARROLLO

La inteligencia del niño

Los positivistas del círculo de Viena consideraban que el lenguaje comprende una lógica interna que constituye el vector único de construcción de la lógica. Ésta no es la postura de Piaget, quien considera que el lenguaje se estructura a partir de la lógica propia del individuo. El papel de las operaciones lógicas es esencial en la construcción del pensamiento. La lógica no sólo es formalización del contenido de la conciencia del sujeto. Puede apegarse a ciertos razonamientos, pero trata primero las operaciones subyacentes que posibilitan el razonamiento. Para Piaget la inteligencia proviene de una continuidad entre modo práctico y modo representativo: la acción perceptivo-motriz permite construir operaciones mentales. Algunos investigadores constructivistas, como Guy Cellérier y Seymour Papert, plantean, por medio de la cibernética y de la informática, la posibilidad de actividades que vinculen motricidad y representación y que vayan más allá de ambas al reunirlas en un mismo proyecto operativo.

Es una verdad de perogrullo recordar que el pensamiento del adulto es muy distinto al del niño. Naturalmente, no se trata de comparar las posibilidades ofrecidas por uno y por otro. Tampoco se trata de considerarlos bajo un ángulo normativo: uno estaría completo y acabado, otro estaría incompleto y sería subordinado. La lógica del niño no es una sublógica; es una etapa plena y entera, constitutiva del pensamiento formal. Y sin embargo, la evolución pasa por fases desconcertantes. Relataremos un experimento famoso, citado con frecuencia.

Se le presenta al niño, en una situación de entrevista clínica, una hilera de hueveras. Cada una contiene un huevo. Los niños de 4 años, como los de más edad, están de acuerdo en que hay tantos huevos como hueveras. Luego, se quitan los huevos y se alinean sobre la mesa, mientras que las hueveras se reúnen. Hasta los 5 años, aproximadamente, los niños interrogados responden que hay más huevos que hueveras. Aun cuando los adultos le dan un cierto número de evidencias (nada se añadió ni se quitó, cuentan juntos, etc.), el niño persiste en afirmar que hay más huevos.

Algunos investigadores cuestionan este tipo de experimentos al afirmar que el error es normal, pues el niño confunde el número con el espacio ocupado. La explicación es atractiva por la sencillez del argumento. Aunque ése sea el caso, admitamos sin embargo que el pensamiento infantil es de una complejidad real y establece relaciones de un tipo distinto al del adulto, con una indudable coherencia interna. Además, la experiencia demuestra que la noción de correspondencia se establece para objetos con una relación directa (el huevo que está en la huevera), pero aún no para objetos separados físicamente (el huevo junto a la huevera). Este vacío cognitivo se llena con otra noción que le brinda una respuesta satisfactoria al niño, y que apela a un concepto espacial. Por lo tanto, no se trata de una incapacidad para entender la pregunta del adulto o para responderle, sino que simplemente se trata de una incapacidad para responder con una lógica idéntica a la del adulto. En cambio, sí hay una inteligencia para dar una respuesta adecuada ante los esquemas operativos que tiene el niño. Esto señala por lo tanto que las herramientas necesarias para el pensamiento se encuentran en proceso de elaboración. Entonces, no se podría afirmar que no hay pensamiento lógico. El pensamiento es lógico; simplemente las herramientas de esta lógica no permiten proporcionar respuestas en términos de estructuras abstractas. Aún permanecen bajo una fuerte influencia de la percepción, atrapadas en la impregación concreta que se refiere a los únicos esquemas conocidos.

El ejemplo ilustra el principio piagetiano según el cual el conocimiento no se fundamenta en una suma de conductas y de esquemas que aumentaría con el paso de los años, sino, de modo más exacto, de reorganizaciones que resultan de integraciones. Los conocimientos están organizados en estructuras desde la etapa sensomotriz, en la que dependen mucho de la percepción. Esas estructuras se reorganizan regularmente con la inclusión de nuevos esquemas. Es lo que Piaget llama asimilación y acomodo. Las nuevas estructuras así creadas modifican la organización general en niveles sucesivos de equilibramiento. Del mismo modo como el pensamiento científico progresa mediante la integración de teorías anteriores, controvertidas y modificadas, el pensamiento del niño se construye mediante integraciones sucesivas: "sería erróneo limitarse a la alternativa de la continuidad o de la discontinuidad presentada en términos lineales, como si la inteligencia, una vez echada a andar, progresara en línea recta en un solo y mismo plano" (SIP, p. 133).

El ejemplo muestra también que el niño puede elaborar el saber cuando se enfrenta a los problemas. La realidad suscita cuestionamientos que refutan o ponen en tela de juicio los esquemas instaurados. El conflicto se sitúa entre una primera percepción, situación de correspondencia entre elementos de dos clases, los huevos y las hueveras, y una percepción nueva, situación de disyunción de los elementos. La respuesta del niño está influida por la relación espacial entre los elementos, que se adelanta al razonamiento descentrado. La contradicción, o conflicto cognitivo, es el verdadero factor del desarrollo mental. En el caso citado, la respuesta que da el niño, equivocada para el adulto, es proporcionada ante una situación cognitivamente conflictiva. Significa que él proporciona, con sus propios esquemas, una respuesta precisa a la situación precisa. Está ligada con un momento determinado de la elaboración de sus procesos mentales. Esta respuesta, conducta apropiada para una situación dada, no es fija. Evolucionará hacia un enunciado más acorde con la lógica del adulto, desde el momento en que se efectúe la reorganización a partir de nuevas asimilaciones. El conflicto cognitivo es un factor que favorece el desarrollo y permite que se establezca una forma superior de equilibramiento, que a su vez será superada e integrada a un nuevo equilibramiento, y así sucesivamente, hasta la constitución del pensamiento formal. "Mientras un niño no encuentre una contradicción, no modificará su visión del mundo y no se desarrollará [. . .] El mundo exterior es el principal revelador de la contradicción para el niño; la maduración no puede revelar nada" (Bower, 1987, p. 404). Los estudios de Inheder giran en torno a la misma problemática. La confrontación del niño con el medio acarrea desequilibrios entre los esquemas elaborados o en vías de elaboración. Esas desestabilizaciones son fuente de "conflictos y de contradicciones, que, a su vez [movilizan] procesos reguladores que permiten superarlos" ("Des structures aux processus", P, p. 667). La acción no es sino la adaptación del individuo al medio gracias a sus esquemas. Éstos asimilan el objeto. El bebé que descubre un nuevo objeto, una sonaja por ejemplo, se la lleva a la boca para chuparla, para asimilarla con lo que conoce. O bien, si fracasa, se adapta al nuevo objeto. En este caso el esquema primario, chupar, generará un esquema secundario por acomodo: sacudir y producir un sonido agradable. El esquema anterior queda superado y se elabora uno

CUADRO II.4. *Los modos de aprendizaje*

Influencia teórica	Características	Puntos negativos	Puntos positivos
Maduracionismo	Escuchar a un especialista que transmite un saber. Ejemplo: un campeón de natación presenta la técnica del braceo	Procedimiento de imitación que presupone la capacidad de los alumnos para interiorizar y transferir el saber dispensado magistralmente, sin contacto con lo real	El aporte del experto es indispensable
Empirismo	Experimentar en situación natural o artificial. Ejemplo: los alumnos se recuestan sobre una banca para reproducir los movimientos del braceo	Procedimiento de simulación que induce una automatización de los comportamientos. El aprendizaje resulta, en este caso, de una repetición fuera del contexto real	El trabajo del movimiento técnico es indispensable

nuevo que resulta de la resistencia del objeto a ser asimilado. Es el acomodo. La relación entre lo interno, la estructura mental del individuo, y lo externo, el medio en el que actúa, aparece con plena evidencia. Como lo subraya Zelia Ramozzi: "en el intercambio continuo del organismo y del medio, a cada transformación que se produzca en el nivel exógeno corresponderá una transformación interna" (1989, p. 81). Nos encontramos en el corazón del proceso de construcción tal como lo describió y lo observó Jean Piaget.

Las décadas de experimentaciones piagetianas muestran que la inteligencia de los niños, y por lo tanto la de los alumnos, no proviene de un don inicial, que unos tendrían y otros no. Tampoco hay preminencia de maduración, ni desarrollo de un programa hereditario que habría que esperar pasivamente. Así, la inteligencia tiene todas las posibilidades de construirse con solidez gracias a la actividad auténtica del alumno. Al profesor le corresponde la tarea de crear las situaciones que favorecen la actividad. Tomemos un ejemplo propio de la vida diaria de la escuela: ¿cómo puede un niño aprender a nadar?

Se pensó durante mucho tiempo que bastaba mostrarle los gestos, explicárselos, para que los integrara y los reprodujera en el agua. Sin embargo, cabe notar que incluso si el maestro es campeón nacional, la distancia cognitiva entre él y el alumno disminuye las probabilidades de que la mayoría de los alumnos nade durante su primera entrada a la alberca. La mera reproducción mediante la escucha y la observación, preconizada en los métodos basados en el innatismo y en el predominio del don inicial, dará resultados poco satisfactorios. Una orientación de ese tipo se inspira en el maduracionismo.

Una segunda manera de proceder consiste en una inmersión experimental. Toma un carácter concreto y coloca al niño solo, sin recursos, en el medio. La motivación del niño, entregado a sí mismo, puede disminuir rápidamente, y su interés, menguado por el fracaso, desaparecerá pronto. Este aprendizaje también puede adoptar la forma de una simulación. Se instala a los alumnos en bancos o en taburetes y cada uno se dedica a reproducir, con la mayor precisión posible, el movimiento que le enseñaron. Se puede percibir la constante artificialidad de este método. Además del aspecto poco motivador del movimiento fingido, la primacía exclusiva de la pura técnica pronto puede desalentar las mejores voluntades. Estos métodos se inclinan hacia el empirismo.

Por ello, ciertos elementos de ambos métodos pueden constituir aportes interesantes. Es lo que se sintetiza en el cuadro II.4 de la página 76.

Sabemos hoy que el aprendizaje de alumnos jóvenes no puede admitir el punto de vista maduracionista o el empirista. La mejor manera de enseñarles a nadar consiste en ponerlos en las condiciones auténticas de la actividad, en enfrentarlos a la realidad con la mediación del adulto. Los modos maduracionista y empirista, ya se manejen de manera exclusiva o se apoyen mutuamente, resultan inoperantes. Sin embargo, no sería posible privarse de sus aportes cuando su pertinencia coyuntural está fundada.

En el ejemplo elegido es verdad que es mejor para los alumnos que los vigilen profesores capaces de motivarlos y de guiarlos provechosamente. También es cierto que se requiere el aprendizaje de una técnica. Pero, ¿acaso al joven nadador le gustaría efectuar incesantes recorridos a lo largo de la alberca, aspirando a la perfección? No confundamos aprendizaje y profundización, descubrimiento y selección. La elección filosófica y la opción elegida por las autoridades ministeriales desde las orientaciones de 1989 convergen en la misma dirección: la creación de situaciones de aprendizaje, estructurantes y auténticas.

Las teorías de las etapas del desarrollo

El concepto de etapa de desarrollo es un punto importante, esencial en la teoría piagetiana. Quizá sea el aspecto en apariencia más conocido de la epistemología. Lo abordaremos bajo distintos ángulos complementarios. Por una parte, definiremos cada etapa considerada por Jean Piaget, con sus características y sus encadenamientos. También abordaremos las preguntas que plantea esta división: interpretaciones erróneas, contradicciones y oposiciones, sin olvidar las posibles repercusiones en la situación didáctica. Finalmente diferenciaremos las etapas piagetianas de las etapas definidas por otras teorías, psicológicas y psicoanalíticas.

El concepto de etapa en la epistemología de Jean Piaget
En las páginas que siguen elegimos una versión simplificada de la asignación de las etapas del desarrollo. La ventaja de esta elección reside en su convergencia con la asignación escolar. Así, distinguimos:

la etapa sensomotriz (del nacimiento a los 2 años, aproximadamente);
la etapa preoperativa (de los 2 a los 6 años aproximadamente, o sea la edad de la preprimaria);
la etapa de las operaciones concretas (de los 6 a los 11 años aproximadamente, que corresponde a la escuela elemental);
la etapa de las operaciones formales (a partir de los 11-12 años aproximadamente, lo que corresponde al ingreso al liceo).

Esta elección de cuatro etapas diferenciadas se inspira directamente en los textos de Piaget; por ejemplo, se presenta en *Problèmes de psychologie génétique* (p. 151). Habida cuenta de la correspondencia isomorfa entre el desarrollo del niño y la escolaridad del alumno, los profesores pueden leer con facilidad este enfoque.

Definición de la etapa. Las etapas marcan las diferentes fases de la construcción de las operaciones mentales. Cada una se caracteriza por una estructura que articula las conductas propias de la etapa. En el trabajo "Les stades du développement intellectuel de l'enfant et de l'adolescent" (PPG, pp. 24-37) Jean Piaget presenta cinco condiciones que permiten identificar las etapas:

Siguen un orden constante de sucesión de las adquisiciones.
    Una misma propiedad no aparece en cualquier momento del orden en distintos individuos.
Las propiedades características de una etapa no son una simple colección o yuxtaposición. Se articulan en una estruc-

tura de conjunto. La estructura se entiende en el sentido lógico con sus posibilidades de coordinación y de reversibilidad. Un alumno que concluye el ciclo 2 sabrá nombrar los objetos, seriar las medidas, clasificarlas, etc. El mismo alumno no será capaz de realizar esas mismas operaciones con volúmenes. Desde el punto de vista lógico, las operaciones son idénticas. Desde el punto de vista práctico, el objeto sobre el que se ejerce la actividad permite observar que tal estructura se está preparando o está por concluir.

Las estructuras construidas en un nivel se integran al nivel superior, del que constituyen el fundamento indispensable. Una nueva estructura no cancela la anterior, la alimenta. Piaget habla de su "carácter integrativo". El gateo del bebé en su casa constituye una primera estructura (los desplazamientos espaciales) que resulta sólo de la actividad motriz. Se integra, en la siguiente etapa, a los agrupamientos de los desplazamientos representados, imaginados, interiorizados, que a su vez resultarán de una nueva construcción.

Cada etapa está compuesta de una fase de preparación y de una fase de conclusión.

Los procesos de formación componen la fase de preparación. Como la fase no se desenvuelve de modo lineal, se observan ciertos encabalgamientos o fases más o menos largas de formación. En cambio, la conclusión está marcada por "formas finales de equilibrio". Constituyen las estructuras de conjunto presentadas más arriba.

Para Piaget las fases no se suceden linealmente. Tampoco se imbrican. Proceden por integración de un nivel inferior a un nivel superior. Por lo tanto, no hay sucesión *stricto sensu* de las conductas, sino más bien reconstrucción de conductas adquiridas con anterioridad a partir de nuevos esquemas. El desarrollo de las etapas es un proceso continuo,[13] que no por

[13] Piaget distingue dos fenómenos en el desarrollo de la inteligencia. La continuidad funcional es un proceso de adaptación permanente al medio. La discontinuidad estructural traduce la reconstrucción, etapa por etapa, de las estructuras operativas. Con ello, indica que el paso de una etapa a otra no resulta de sumas de conductas y de experiencias, sino que se funda en una reorganización constante de esquemas en nuevas estructuras.

ello cobra la forma de un movimiento lineal definido por la edad. La etapa no comprende ningún carácter normativo en términos de conductas cognitivas, ni imposición alguna en términos de promedio de edad. Las edades indicadas no son ni datos estrictos ni normas por alcanzar. Sirven de referencia para un orden de sucesión en la construcción de las operaciones. Conviene tomarlas como marcadores flexibles. Las etapas expresan por lo tanto un orden de sucesión, y no una edad promedio. Este orden puede traducir retrasos o aceleraciones según el medio social, la integración escolar, etc. La pregunta que se plantea entonces es si el orden de sucesión de las etapas intelectuales definido por Piaget es un modelo universal. Parece que éste es el caso, no obstante las observaciones de algunos opositores, los cuales afirmaron que el desarrollo de las etapas sólo les convenía a los pequeños ginebrinos, sujetos de la observación.

En un artículo titulado "Nécéssité et signification des recherches comparatives en psychologie génétique" (PPG, pp. 114-132), Piaget plantea una sucesión de argumentos particularmente significativos. Se realizó una serie de observaciones acerca de los pequeños (de los 5 a los 10 años) en varios puntos del globo: Hong Kong, Aden, Martinica, África del Sur, Australia, Irán, etc. En este último caso se interrogó en 1966, según los protocolos acostumbrados, a niños de Teherán y niños del campo iraní. Se impuso una constatación: "Se encuentran las mismas fases en sus grandes líneas, en la ciudad y en el campo, en Irán y en Ginebra (sucesión de las conservaciones de la sustancia, del peso y del volumen, etc.)" (PPG, p. 123). Entonces, se advierte que Piaget sí tomó en cuenta el factor social, al revés de lo que afirman los psicólogos interaccionistas. Por ejemplo, reconoce que un "medio adulto sin dinamismo intelectual puede causar un retraso general en el desarrollo de los niños" (ibidem, p. 168). Las investigaciones con los niños del campo iraní muestran un retraso global de dos años y medio en relación con las edades generalmente observadas en los niños de las ciudades persas. En la época de las observaciones no contaban con ninguna estructura educativa. No por ello la construcción operativa es realmente deficitaria en lo que se refiere a los esquemas ni a las estructuras.

Las situaciones escolares o familiares deficientes están compensadas, en parte, por una actividad del niño que le permite enfrentarse a la realidad del medio de manera más precoz y menos protegida que en las sociedades occidentales. Piaget concluye: "El orden de sucesión es el mismo, pero con desfases" *(idem)*. La observación fue confirmada por nuevas investigaciones. En el caso de poblaciones que vivían en el corazón de Australia, señala que se encontró el mismo orden secuencial, siempre con un desfase en relación con las poblaciones urbanas. Estas numerosas observaciones confirman el principio sólido que rige las etapas: lo que importa no es la edad promedio, que puede variar, sino el orden de sucesión, que permanece invariable.

Notemos que la definición de la etapa ha evolucionado un poco según los periodos en que ha sido estudiada por Piaget. En los años 1950-1960 se le atribuye un predominio al aspecto estructural. La modelización emitida es la conclusión de la etapa en una estructura que apuntala un nuevo equilibramiento. En la década de 1970 parece que la importancia es mayor para los procesos de formación y de construcción que para el resultado en sí mismo. Importa menos la fase en su modelo final que la elaboración de las operaciones lógicas que permiten lograr el equilibramiento.

Características de cada etapa. Hemos mostrado que sólo se encadenan las etapas si cada una está definida por una estructura de conjunto que permite la integración y la difusión de un nivel inferior a un nivel más elevado. Es el concepto de estructura el que distingue la aproximación piagetiana de las demás teorías. Rompe con la concepción que le da importancia al desarrollo acumulativo, lo mismo que con la que está predeterminada sólo por la maduración que depende del desarrollo del sistema nervioso. Las etapas se encadenan en niveles de equilibramiento sucesivos que favorecen una nueva integración. El equilibramiento, en una estructura estable, corresponde a una necesidad de organización mental. "La inteligencia es, por definición, la adaptación a nuevas situaciones, y es, por lo tanto, una construcción continua de las estructuras" (CLP, p. 69). Una vez establecidas estas definiciones, es posible extraer los elementos característicos de cada una de las grandes etapas piagetianas.

La etapa del pensamiento sensomotriz (del nacimiento a los 2 años aproximadamente). Este periodo se caracteriza por la aparición progresiva del lenguaje. Sin embargo, y pese a su ausencia, la inteligencia se desarrolla de modo espectacular. Todo padre atento sabe que durante el primer año se construye lo que Piaget llama la permanencia del objeto. En el niño muy pequeño, que parece ya no prestarle atención a su juguete al salir éste de su campo visual, aparece una etapa muy diferente. Hacia los 10 meses, cuando la pelota rueda bajo el sillón y desaparece, el niño va a buscarla. El objeto ya no necesita ser visible para seguir existiendo. La construcción de esta permanencia es uno de los primeros esquemas de conservación. De modo paralelo, se construye una primera forma de reversibilidad, que se refiere al espacio. El niño va y vuelve al punto de partida, se aventura fuera del campo de acción más cercano, pues sabe que podrá encontrar el camino inicial. La reversibilidad es la adquisición estable de la triple capacidad de hacer, de deshacer y de rehacer una acción. Construida en el grado motor, se reconstruirá la competencia, en función de nuevas experiencias, en el grado superior de la representación. En el terreno práctico, "asistimos a una organización de los movimientos y de los desplazamientos que, centrados primero en el propio cuerpo, se descentran poco a poco y alcanzan un espacio en el que el niño se sitúa a sí mismo como un elemento entre los demás" (PPG, pp. 31-32). La coordinación motriz que se establece organiza los desplazamientos. Coordinación y reversibilidad son dos características que definen a una estructura. Precisemos que la forma de reversibilidad de la que se trata es motriz; a veces es llamada abatibilidad. En la fase sensomotriz la actividad es abatible, al permitir el paso de un punto a otro y el retorno físico al punto de partida. La reversibilidad lógica caracteriza a la fase operativa, pues se establece en el pensamiento. Incluso existe una doble reversibilidad, expresada en la fase formal por la estructura INRC (véase *infra*).

La etapa del pensamiento preoperativo (de los 2 a los 6-7 años aproximadamente). A menudo esta etapa es considerada como la de la representación. Todo lo que se construyó desde un punto de vista motor, en la etapa anterior, se reconstruye en el nivel representativo durante esta etapa. Es una fase de interiorización progresiva de los esquemas de acción de la época motriz. Sin embargo, los conceptos que construye el niño son más preconceptos que conclusiones. Los objetos no son entendidos en su organización global. No se dominan las imbricaciones lógicas, tanto verbales (el problema del empleo de los conectores "algunos" y "todos") como gráficas. El epistemólogo habla de "transducción" para calificar una lógica de pensamiento que no se separa mucho de lo particular. Esta fase también se caracteriza por el egocentrismo intelectual, conducta del niño que carece de las herramientas operativas para descentrarse y poder adoptar otro punto de vista que el propio.

Sin embargo, la función simbólica engendra la evocación y la representación de un objeto o de un acontecimiento ausente, capacidad que el mero arraigo de los esquemas en la acción no permitía en la fase anterior. La imitación diferida, el juego simbólico, el dibujo, la imagen mental, son algunas de sus manifestaciones. Cuando el niño comienza a hablar, se desprende del aquí y del ahora. Mientras que la etapa motriz sólo permitía un descubrimiento parcelario, la representación, especialmente la que se apoya en el verbo, permite coordinar las acciones. La función semiótica facilita la construcción de un pensamiento representativo abierto, que deja atrás el pensamiento sensomotor, atrapado por la acción en curso.

La etapa de las operaciones concretas (de los 6-7 años a los 11-12 años). Este periodo corresponde a transformaciones cognitivas importantes. El niño adopta conductas directamente lógicas (clasificaciones, seriaciones, construcciones de invariantes, etc.). Sin embargo, es notable que las conservaciones relativas a un mismo objeto no se construyan al mismo tiempo. El ejemplo más conocido se refiere a la materia en sus invariantes de sustancia, peso y volumen. Es significativa la situación, ya presentada, de dos bolas de plastilina que van a transformarse para ser comparadas. A partir de los 7-8 años el niño admite que la cantidad de material es la misma. Cuando se pregunta si los dos objetos obtenidos tiene el mismo peso,

hay que esperar a los 9-10 años para obtener mayoritaria-
mente respuestas positivas. Finalmente, cuando uno quiere
saber si los dos pedazos de plastilina tienen el mismo volumen, las respuestas son incorrectas hasta los 11-12 años. "Hay
que buscar, naturalmente, el motivo de esos desfases en los caracteres intuitivos de la sustancia, del peso y del volumen, que
facilitan o retrasan las composiciones operativas: una misma
forma lógica, por lo tanto, aún no es, antes de los 11-12 años,
independiente de su contenido concreto" (PI, p. 157). Al nombrar esa etapa, la de las operaciones concretas, Piaget manifiesta una doble intención. Por una parte, indica la capacidad
del niño de ir más allá de la mera acción, ya que la operación
es una acción interiorizada con sus consecuencias de posible
coordinación y de reversibilidad. Por otra parte, precisa que
esta mentalización sólo es posible con el apoyo de un sustrato concreto. El objeto real es el soporte indispensable para la
construcción del saber. Como corolario, el objeto le impone
al pensamiento una dependencia que, si el anclaje es demasiado fuerte, puede impedir la abstracción. El establecimiento de situaciones que favorezcan el razonamiento inferencial
resulta entonces aumentativo. En esa etapa, lo real se subor-
dina a lo concreto; en la etapa siguiente, lo real se inscribe en
lo posible.

La fase de las operaciones formales (a partir de los 11 años).
El niño, convertido en adolescente, se desprende del objeto y
de los conjuntos de objetos, y es capaz de inferir a partir de
posibilidades. Es el periodo de construcción de la lógica formal, o lógica de las proposiciones, que está constituida por las
operaciones combinatorias y del grupo de las cuatro transformaciones INRC. Las operaciones combinatorias son la capacidad de razonar a partir de varios referentes. En este marco encontramos operaciones vinculadas con la proporcionalidad.
El grupo INRC es un sistema completo que conecta reversibili-
dades, o estructuras hasta entonces yuxtapuestas. Es capaz de
manipular proposiciones y de someterlas a cuatro posibilidades, las transformaciones: idéntica (I), inversa —o negativa—
(N), recíproca (R) y correlativa (C).

Esta etapa se califica como hipotético-deductiva. Coordina
dos capacidades inferenciales. La inducción es fabricación de

hipótesis que permiten trabajar sobre lo posible y lo verosímil. La deducción es producción de verdadero a partir de verdadero. Las leyes de la lógica formal rigen esos procesos de razonamiento. Notemos que la práctica pedagógica apela sin cesar a esos modos de inferencia, y prepara su adquisición. He aquí un ejemplo de exploración de las posibilidades. "Trazar cuatro lados cerrados de distintas longitudes y hacer que varíen los sectores angulares: ¿qué figuras se obtienen?" Razonamiento de tipo deductivo: "Tenemos un grupo no desplazable de palabras, que sigue al verbo ser. ¿Cuál es su función?"

Precisemos finalmente que para Piaget el acceso a esa fase no se limita a una edad máxima. Él fijó en 14, luego en 16 y después en 20 años la edad posible que marcaba el acceso al terreno formal. Escribe, por ejemplo, que el despliegue de las estructuras formales "se prolongará durante la adolescencia y toda la vida posterior" (PN, p. 1221). Además, reconoce la posibilidad de que ciertos sujetos no logren construir tal o cual operación lógica. Esto depende del contexto de desarrollo y del interés manifestado. Finalmente, recordemos que, para el epistemólogo, el conocimiento es proceso, y no estado. Por lo tanto, no existe, en esas condiciones, ningún estado acabado y final del conocimiento. Pierre Vermersch considera que el desarrollo de las etapas no es incompatible con el hecho de que los adultos, en una situación particular, actúen unos y otros de modo distinto, en función de registros particulares. Él define cuatro: el registro sometido a la acción, el figural, el concreto y el formal. El primero se caracteriza por la falta de representación y le hace eco al aspecto motor del desarrollo. El segundo se asocia con un aspecto figurativo: la representación existe, pero indecisa, y no se organiza como estructura. Los otros dos registros remiten al aspecto operativo, primero con un soporte concreto necesario, después con una posibilidad de abstracción. Cada adulto, frente a un problema, aporta una respuesta al emplear tal o cual registro independiente de su nivel operativo real. No parece infundado pensar que los alumnos, algunos de los cuales llegan más rápido a la fase formal, puedan emplear un registro que se suponía superado, en ciertas situaciones de aprendizaje. Esta hipótesis justificaría el hecho de que el profesor deba proponer las situaciones más diversificadas, para que los alumnos puedan familiarizarse con el empleo de una gama de registros lo más completa posible. Cada quien puede entender, al leer estas líneas, que la tarea de Piaget y la de los investigadores constructivistas como Vermersch no se propone describir un marco normativo que encierre al pensamiento en un desarrollo establecido linealmente.

Elementos de discusión

Ciertos elementos de la arquitectura secuencial de Piaget fueron puestos en tela de juicio. Tomemos dos restricciones que emanan de dos investigadores distintos.

Para Seymour Papert, colaborador de Piaget, las etapas constituyen una parte poco interesante de las investigaciones epistemológicas. Por un lado, reducen demasiado al niño a un mero sujeto epistémico y no consideran los demás aspectos de su personalidad. Por otro, su desarrollo, muy localizado, induce a un empleo normativo por parte de especialistas poco preocupados por el rigor. El matemático estadunidense lamenta que Piaget se encuentre reducido, en la idea del público, simplemente a alguien que concibió las etapas de la inteligencia. "Esta división muy clara en etapas sucesivas provocó tal cantidad de reacciones positivas y negativas que acabó oscureciendo la única contribución realmente importante de Piaget; su descripción de los diferentes modos de conocimiento es mucho más importante que buscar si se suceden cronológicamente" (Papert, 1994, p. 153).

Papert piensa que el Piaget de las etapas del desarrollo no es innovador, cuando califica sus posturas de reaccionarias. Más allá del exceso verbal, la impresión traduce la perplejidad en la que se encuentra la mayoría de los investigadores desde el momento en que se aborda el desenvolvimiento del desarrollo cognitivo.

Otra réplica es la que se inició en las investigaciones de Thomas Bower. Al establecer distintos protocolos experimentales, mostró que los niños pequeños parecen poseer la permanencia del objeto más pronto de lo establecido por Piaget. Su experimentación se desarrolla como sigue: deja que un niño muy pequeño juegue con toda clase de objetos, después

CUADRO II.5. *Las etapas: ejemplos de la causalidad y del juicio moral*

Referencias	Características	Causalidad	Juicio moral
Etapa sensomotriz (del nacimiento a los 2 años)	Sistemas de reflejos y de instintos. Primeras conductas de aprendizaje. Ninguna diferenciación entre el yo y el mundo exterior. Se elaboran poco a poco los esquemas de conservación. Construcción del objeto permanente. Reversibilidad de acciones	El bebé descubre que jalar un hilo arriba de su cuna produce música. Esta causalidad primitiva está ligada con la acción, pero no implica toma de conciencia del yo. Sin embargo, es una primera organización del espacio y del tiempo. La causalidad se objetiva. Depende de la estructuración del medio	
Etapa del pensamiento preoperativo (de los 2 a los 6 años)	Egocentrismo intelectual. Desarrollo del pensamiento simbólico. Importancia del lenguaje	Hasta cerca de los 6 años, la mayoría de los niños piensan que la luna los sigue por la noche. Esto se debe a la asimilación de la realidad a los esquemas de la acción	Moral heterónoma, ligada a una voluntad exterior. Respeto unilateral. Deformación de la realidad sin verdadera preocupación por la mentira

Etapa de las operaciones concretas (a partir de los 7-8 años)	Conservaciones representativas. Desarrollo de conductas lógicas: clasificar, seriar. . . Operaciones reversibles	El niño admite poco a poco la conservación: de la sustancia, de la masa y finalmente del volumen. Así admite que el azúcar disuelto en el café no ha desaparecido por efecto de magia	Respeto mutuo que permite la definición y el respeto de reglas comunes. Desarrollo de sentimientos morales: honestidad, camaradería. . .
Etapa del pensamiento hipotético deductivo: operaciones formales (a partir de los 11-12 años)	Restructuración de las operaciones concretas. Construcción de operaciones complejas que integran las operaciones anteriores	Asimilación de lo real a las operaciones. La causalidad está fundada en la deducción racional. El pensamiento permite inferir propuestas hipotéticas	

oscurece la habitación y le retira los objetos de las manos. Observa entonces, con una cámara de rayos infrarrojos, que el bebé parece buscar los objetos desaparecidos. Gracias al descubrimiento de Bower, algunos autores pensaban poner en tela de juicio las tesis piagetianas. Parece necesario mirar más de cerca esos textos antes de sacar conclusiones definitivas. La constatación de Bower, muy interesante, no cuestiona de ningún modo la definición dada inicialmente por Piaget acerca de una permanencia del objeto. No hace sino afinar la edad de aparición eventual y ofrece nuevas pistas para la investigación. No podríamos olvidar, por añadidura, que Piaget definió una etapa previa a la permanencia del objeto. Desde los tres meses el niño es sensible a ciertas situaciones de objetos parcialmente disimulados. No carece de fundamento pensar que colocar un objeto en las manos de un niño, y retirárselo, suscita una búsqueda automática que quizá dependa más del reflejo, de la "rutina", que de la presencia del esquema. Finalmente, semejante protocolo experimental pone en juego ciertas variables (capacidad de situar un objeto en el espacio, capacidad de prensión, capacidad de memorización. . .), cuyo número y complejidad incitan a multiplicar las investigaciones complementarias antes de llegar a una conclusión definitiva.

El que desee más información sobre este punto podrá remitirse a dos artículos. El de Thomas Bower, en la obra codirigida por Piaget, *Psychologie* (pp. 370-416), donde relata algunas de sus experiencias; el de John S. Watson "La mémoire dans la petite enfance", también en *Psychologie* (pp. 463-495), aborda con gran pertinencia los problemas del objeto que no está a la vista, sobre todo en relación con el desarrollo de la memoria.

En el cuadro II.5 retomamos brevemente los elementos característicos de cada etapa. Los ejemplos dados hacen eco a situaciones comúnmente estudiadas en didáctica.

Aparecen nuevos modelos constructivistas, vinculados con el cognitivismo. Bideaud y Houdé presentan varios de ellos en su texto *Cognition et développement*. Citemos el modelo de Fischer, que se inspira en Piaget y en el conductista Skinner. Citemos también a Mounoud, quien, en su distribución de las etapas, integra elementos de innatismo. Citemos asimismo a Halford. Para este último la adquisición de conceptos se desenvuelve en cuatro etapas. La primera corresponde al apareamiento de unidades. Es el nivel más elemental del funcionamiento simbólico. Se refiere a los niños que tienen 1 año aproximadamente. La segunda es el apareamiento de relaciones. Es la comparación entre dos objetos (A es más grande que B). Interviene en los niños de 2 años aproximadamente. La tercera es el apareamiento de los sistemas. Los elementos (al menos tres) constituyen un sistema a partir de relaciones (al menos dos). El ejemplo A>B y B>C corresponde al sistema definido por Halford. Este nivel aparece hacia los 5 años. Finalmente, el cuarto nivel corresponde al apareamiento de sistemas múltiples. Es, en particular, la representación algebraica $[(ax + b): c]$ de la situación aritmética $[(3r + 5): 4]$, el nivel alcanzado hacia los 11 años. Los autores añaden: "Así, el niño constituye, durante la ontogénesis, un repertorio cada vez más complejo y flexible de estructuras de apareamiento de símbolos" (1991, p. 67). Este repertorio será empleado nuevamente en las estrategias de resolución que hallará.

No existe teoría del desarrollo que no defina la evolución a través de una sucesión de conductas organizadas en etapas. Esto es válido para el psicoanálisis, que, como se sabe, despertó el interés de Piaget. También es válido para enfoques psicológicos distintos, como el de Wallon. Presentaremos cada una de estas concepciones, e intentaremos verlas en perspectiva. Hay divergencias que permiten clarificar, del mismo modo que hay convergencias que pueden enriquecer.

El concepto de etapa en el psicoanálisis freudiano
Considerada de modo holístico, la personalidad del niño se entiende como la unión de afectividad e inteligencia. La definición de un desarrollo en forma de etapas está presente en varios psicoanalistas. Algunos investigadores, como el mismo Piaget, pensaron trazar un paralelo a fin de integrar los elementos de ambas teorías. Es verdad que pueden existir convergencias. Intentaremos señalar sus fundamentos después de presentar las etapas analíticas.

El universo vivido del niño requiere, en el nivel afectivo, el establecimiento de puntos de referencia. Para instalar adecuadamente estos últimos conviene no reducir el espacio vital del niño, pues cuando se ve restringido por límites o prohibiciones puede crearse una sobretensión reaccional. En relación con el espacio, la construcción del universo orientado y el desarrollo afectivo están ligados. La concepción psicoanalítica de las etapas del desarrollo constituye, a este respecto, una contribución interesante. Notemos primero que, si bien existe en Freud una formulación del concepto de etapa, no se puede comparar directamente con la de Piaget. Después, en el pensamiento psicoanalítico, la noción inicial de etapa de desarrollo se enriqueció con los textos sobre el psicoanálisis infantil. El lector puede consultar, por ejemplo, los textos de Anna Freud, de Mélanie Klein y de Maud Mannoni. Además, los desacuerdos entre las diversas escuelas analíticas han engendrado divergencias en cuanto a las fechas, las descripciones y las interpretaciones de las diferentes etapas.

Del nacimiento a los 6 meses. Durante los primeros meses el universo del lactante carece de distancias. Aparecen "jirones de espacio" a través del despertar de los sentidos, ante las formas de su entorno inmediato. Es el primer tiempo de la fase oral. La zona erógena dominante es la zona bucolabial. La actividad principal reside en la succión, considerada como la primera satisfacción autoerótica.

De los 6 meses al año. El rostro materno aparece como la primera referencia fija, reconocida y diferenciada. Las evoluciones posturales (recostado, sentado, de pie), el descubrimiento del equilibrio y del andar, le permiten al niño descubrir lo real. La relación del sujeto con lo real se enriquece doblemente. La distancia que acerca al objeto es también la que aleja. El lenguaje que permite iniciar la relación es también lo que permite mantener la distancia respecto al otro. El uso del "no" es eficaz. Este segundo tiempo de la fase oral se llama "sádico-oral". Se caracteriza por la propensión a morder, debida a la aparición de los dientes. La mordida puede interpretarse como una pulsión destructiva y agresiva. El principio de placer empieza entonces a entrar en conflicto con el principio de realidad.

Durante esta etapa el yo se esboza y se diferencia progresivamente del ello. Lacan introduce en este periodo la noción de etapa del espejo (entre los 6 y los 18 meses). El reconocimiento de su propia imagen experimentado por el niño es, según él, un elemento esencial en la constitución del yo.

De 1 a 3 años. El crecimiento de las aptitudes motrices permite favorecer el encuentro con el medio bajo aspectos cada vez más variados. Sin embargo, los objetos son percibidos en sí mismos, sin estructura de conjunto. El lenguaje preverbal está sustituido por un lenguaje significativo que se convertirá en el lenguaje articulado. A la distancia establecida entre el sujeto y su madre corresponde el desarrollo de una nueva relación con el padre. Este esbozo de bipolaridad afectiva engendrará una bipolaridad de lo real. Se encuentra en el lenguaje con el uso frecuente de contrastes binarios (bueno/malo) y con las primeras identificaciones espaciales (cerca de/lejos de, arriba/abajo, delante/detrás). Hacia el año principia la fase anal. La sexualidad infantil se desarrolla a partir de las funciones orgánicas de alimentación y de evacuación. El mundo exterior puede aparecer entonces como un obstáculo, por las nuevas prohibiciones. Esto explica el hecho de que el desarrollo del niño se efectúe de un modo conflictivo, expresión de la afirmación del yo ya constituido.

De los 3 a los 5 años. Es un periodo de desarrollo de la sexualidad infantil. Ésta, hasta entonces autoerótica, se vuelve objetual y se dirige hacia los padres. Es el complejo de Edipo. El niño, cuyos deseos sexuales hacia la madre cobran fuerza, se da cuenta de que el padre constituye un obstáculo. La hostilidad que desarrolla hacia él acarrea un deseo de muerte. En la niña existe una primera fase de identificación con el padre, que se convierte en fase edípica, la cual produce un sentimiento ambivalente hacia la madre. El miedo a perder el amor materno en la niña, y el temor de la castración en el niño, producen la liquidación de la fase edípica. Freud observa, a este respecto, que

reprimir el complejo de Edipo no debía de ser una tarea muy fácil. Al darse cuenta de que los padres, sobre todo él, constituían un obstáculo para la realización de los deseos en relación con el complejo de Edipo, el yo infantil, para facilitar ese esfuerzo de represión, para aumentar sus recurso y su poder de acción con miras a dicho esfuerzo, levantó en sí mismo el obstáculo en cuestión (1964, p. 205).

La aparición del superyó resulta de la represión —la cual genera la identificación— y de la identificación con el padre.

De los 6 años a la pubertad. Este periodo se define como de latencia. El desarrollo sexual parece marcar el paso. Todo lo anterior a esta fase parece no haber existido. Este olvido, según Freud, es un efecto de la represión. Algunos autores atribuyen a la educación, que a esa edad se vuelve importante para el niño, la interrupción del empuje de las pulsiones. El yo y el superyó emplean mecanismos de defensa para canalizar la fuerza del ello. Es, por ejemplo, la sublimación que se manifiesta a través del deseo de cultura alimentado por la escuela, es también el descubrimiento de que se pueden establecer relaciones amistosas. El superyó se refuerza, al convertirse en el guardián de la vida afectiva y al expresarse, por ejemplo, a través del juicio moral.

Desarrolladas bajo el ángulo exclusivamente afectivo, las etapas psicoanalíticas parecen muy ajenas a la óptica piagetiana. Las finalidades son distintas. Por cierto, Piaget nota con pesar que "el problema de la inteligencia, de hecho, está ausente en el freudismo, y es una lástima" (FS, p. 201). Sin embargo, existen convergencias subrayadas por varios autores. Algunos elaboraron incluso un orden de sucesión inspirado en ambos eruditos. Expondremos esos elementos de debate después de llevar la reflexión a las etapas definidas por el psicólogo francés Henri Wallon.

El concepto de etapa en la psicología de Henri Wallon

Para el médico y psicólogo francés Wallon el comportamiento del niño se desarrolla en seis etapas. El psicólogo prefiere hablar de etapas de la personalidad. Según Tran-Thong, quien estudió el concepto de etapa en diferentes psicólogos, si el sistema de Wallon no tiene "la nitidez y la precisión" del que definió Piaget, permanece sin embargo "igual de coherente y de elaborado" (1980, p. 149). Traduce la evolución del niño a través de fases marcadas por discontinuidades, contradicciones, superposiciones, retornos o aceleraciones. La maduración y el medio social se imprimen en la personalidad, al grado de provocar este desconcertante desenvolvimiento.

La etapa de impulsividad motriz (0-6 meses). La vida psíquica del lactante se traduce con movimientos. Éstos tienen dos formas observables: por una parte, los movimientos de equilibrio, los "automatismos de postura"; por otra, los movimientos de prensión que se inscriben en la relación con el objeto descubierto y tomado.

Las manifestaciones (gesticulaciones, mímicas, gritos...) permiten establecer muy pronto una relación entre el bebé y los que lo rodean. Para Wallon esta relación es fundamental en la construcción de la personalidad.

La etapa emocional (2/3 meses-1 año). Esta etapa y la anterior están imbricadas. No presentan fronteras marcadas. Tran-Thong precisa que "bajo la influencia de los allegados, la transformación progresiva de las descargas motrices impulsivas en medios de expresión es la que genera el estado emocional" (*ibidem,* p. 154).

La fase sensomotriz y proyectiva (1-3 años). Con las nuevas adquisiciones, la marcha y el lenguaje, los objetos adquieren más independencia y realidad para el niño. Son manipulados en cuanto tales, el niño los mueve y aprende a nombrarlos. Al transportarlos, desplaza el espacio cercano y conforma el espacio ampliado. Al caminar puede aprehender las distancias y variar las direcciones. El espacio se vuelve un campo libre y abierto para su actividad. Esta forma de acción sensomotriz desemboca en lo que Wallon llama "la inteligencia de las situaciones".

La etapa del personalismo (3-6 años). En esta etapa Wallon distingue tres fases importantes:
Un periodo de oposición y de inhibición, marcado por el re-

chazo, que indica la voluntad de preservar la autonomía recién adquirida. La personalidad se afirma por medio de la aparición del "yo".

Un periodo de gracia, caracterizado por el deseo de seducir por parte del niño. Esta conducta es la expresión del narcisismo.

Un periodo de imitación, en el que el remedo de un personaje querido o admirado ocupa un lugar importante.

Esta etapa, según Wallon, va más orientada hacia la formación del carácter que hacia la de la inteligencia. Con esto, se encadena de manera coherente con la etapa anterior. Sin embargo, difiere de ella, pues la etapa proyectiva estaba marcada por el movimiento que impulsa al niño hacia sus allegados, mientras que la fase personalista está animada por una dinámica estrictamente inversa. Desde el punto de vista intelectual, el lenguaje se desarrolla y se consolida. La dificultad de dominar el tiempo fragiliza aún toda forma de representación. La inteligencia todavía es práctica, antes que nada. El pensamiento se define como sincrético, determinado por el predominio de lo afectivo sobre lo objetivo.

La etapa categorial (6-11 años). Es una etapa en la que predomina el aspecto intelectual, pues el niño tiende hacia el descubrimiento y la comprensión del mundo exterior. Es la época del ingreso a la escuela primaria, donde el niño se enfrentará al saber, objetivación por codificación del mundo exterior. También descubre la interacción. Es el descubrimiento del compañerismo. Se da cuenta de que las relaciones con el otro son más complejas que las que rigen la relación familiar.

El objeto del conocimiento se convierte en objeto de estudio práctico, de acomodo, de clasificación, de pertenencia, de definición, de semejanza, de diferenciación. Wallon insiste en el hecho de que esta actividad sólo es posible si el niño presta mucha atención, lo cual resulta de la maduración de los centros nerviosos de inhibición. La atención supone también un dominio del tiempo, pues la acción ya no se vive como inmediata, sino con la posibilidad de ser diferida. Definir e imaginar resultados, emplear la evocación de acciones pasadas, caben en la misma perspectiva. La función categorial del pensamiento infantil funda el conocimiento del mundo exterior en sus aspectos complementarios: su representación, la relación de sus componentes y su explicación. Esta óptica del desarrollo no se aleja realmente de la concepción piagetiana.

La fase de la pubertad y de la adolescencia. Como para las fases anteriores, esta etapa remite a la del personalismo. Wallon define al adolescente como una personalidad atormentada y agitada, parecida a la del niño de 3-4 años. La evolución radical del cuerpo, el redescubrimiento del otro, la conciencia de la evolución y de la muerte, llevan el razonamiento hacia territorios desconocidos. El pensamiento capta los problemas en su abstracción y en su devenir.

Wallon privilegia, como factor del desarrollo de la inteligencia, la relación que establece el niño con su entorno inmediato. Su constructivismo está más orientado hacia la interacción social que el de Piaget. Las ideas de Wallon, poco conocidas en el otro lado del Atlántico, deben relacionarse, sin embargo, con las que desarrollaron los psicólogos cognitivistas, como Jérôme Bruner. Notemos, finalmente, que Tran-Thong (*op. cit.,* 1980) escribió un análisis comparativo muy profundo sobre las concepciones de las etapas piagetiana y walloniana. Acerca del mismo tema Pierre Gréco propone una síntesis con numerosos argumentos en el artículo "Infance" de la *Encyclopædia Universalis, corpus* 8, pp. 339-345, en la edición de 1989.

Las tres teorías en perspectiva

Podríamos completar este panorama de la concepción de las etapas presentando otros puntos de vista. Pensamos, por ejemplo, en el del psicólogo estadunidense Gesell. Su visión maduracionista permite fundar el desarrollo sobre el concepto de nivel de edad. Establece así 24 fases, del nacimiento a los 16 años. En la perspectiva que sigue nos conformaremos con las tres concepciones más fuertes: las de Piaget, Wallon y Freud.

En numerosos escritos Wallon insiste en lo que lo separa de Piaget, y señala con bastante sistematicidad las verdaderas diferencias entre ambos. El epistemólogo procede con un método opuesto. Busca todas las convergencias, cuando son posibles. Si resultan improbables, trabaja con una visión de complementariedad. Con idéntica preocupación, notemos por ejemplo que el sistema walloniano insiste en la categorización de los objetos, entre los 6 y los 11 años aproximadamente. Este proceso, que le permite al niño desligarse de la mera aproximación empírica, es una puerta abierta para la conquista de la abstracción. Esta fase particular, según Wallon, se facilita por la aparición de lo que llama "poder de autodisciplina mental", que se puede designar como atención. Esta atención ya no se vive desde el exterior, como podía ser el caso en las etapas anteriores. Es la capacidad de continuar con la misma actividad, pues la motivación y el interés del niño inscriben su proyecto en el tiempo. La necesidad de clasificar y de definir el objeto constituye una lógica de pleno derecho. El principio categorial sucede a la fase sincrética, producto de las estructuras a partir de la acción sobre los objetos. Esta etapa depende de que las estructuras son elementales y se fundan en el desdoblamiento. Para Wallon el objeto sólo existe en una situación de pares. La dualidad precede a la unidad, como observa Pierre Gréco: "antes de los 6 o 7 años el sujeto actúa casi solamente a través de *pares* de descriptores opuestos: grande/pequeño, pesado/ligero, caliente/frío, eventualmente izquierda/derecha, etc., sin que sea aún capaz de coordinarlos" (1989, p. 342).

Para Piaget la capacidad de organizar los objetos a partir de experiencias concretas sucede a la transducción y prepara la lógica hipotético-deductiva. Las estructuras de clases y de relaciones, que caracterizan a este periodo, se inscriben plenamente en la preparación a la lógica formal. Se puede medir entonces lo que separa a ambos investigadores. Para Wallon las operaciones de categorización resultan sobre todo de la maduración mental y emplean el soporte privilegiado que es el lenguaje. Para Piaget las estructuras lógicas que se construyen a partir de un sustrato concreto se apoyan en las etapas sensomotrices anteriores y se integran a un movimiento que conduce al niño al pensamiento formal. Esta etapa de objetivación del saber es indispensable para llegar al terreno de las representaciones abstractas y a la gestión de las posibilidades.

El orden de sucesión, para el psicólogo, es también alternancia de predominio de factores, ya sea externos al sujeto, ya internos. No hay un desarrollo lineal, sino una discontinuidad, mediante avances y regresiones. Son posibles las superposiciones entre etapas o niveles. Para el epistemólogo la sucesión está determinada por la construcción de estructuras lógicas. Tampoco hay linealidad, sino que el movimiento se sustenta en un desarrollo secuencial que no varía, basado en la búsqueda de equilibrio en niveles sucesivos (motor, representativo concreto y abstracto). Sólo varía el desfase de la edad entre los niños; el orden de sucesión permanece estructuralmente idéntico.

Ambos investigadores elaboraron dos visiones muy distintas. Sin embargo, puede predominar un carácter complementario en algunos puntos teóricos importantes. Para convencerse de ello, el lector puede remitirse al artículo de Piaget en homenaje a Wallon: "Le rôle de l'imitation dans la formation de la représentation", publicado por René Zazzo (1975, pp. 169-181).

Las relaciones conceptuales entre desarrollo psicoanalítico y concepción constructivista merecen precisiones. Es un terreno que encontraremos desde otra perspectiva en el capítulo dedicado al inconsciente cognitivo.

En un artículo sobre "Piaget et l'épistémologie de la psychanalyse" Jean-Jacques Ducret indica que la relación entre Piaget y el psicoanálisis se construye en varias etapas. Primero, hay una fase inicial de descubrimiento y de curiosidad, situada alrededor de 1916. Piaget tiene 20 años. Siguen, entre 1918 y 1920, la estancia en Zurich y los inicios en París. En Suiza asiste a las clases de Bleuler y de Jung. En París da una conferencia en la Sociedad Alfred-Binet sobre "El psicoanálisis en su relación con la psicología del niño y la pedagogía". En 1922, en el VII Congreso de Psicoanálisis de Berlín, expone los resultados de la comparación entre el egocentrismo infantil, que estudiaba entonces, y las formas de autismo según los analistas. Sigmund Freud asiste a su intervención. En los años cincuenta la dimensión estructural de los textos piagetianos parece subordinar el orden de las etapas afectivas al desarrollo cognitivo. En la década de 1970, cuando les concede menos importancia a las estructuras construidas que a los procesos de construcción, su visión del psicoanálisis se modifica nuevamente. Escribe, en particular, una ponencia famosa acerca del inconsciente cognitivo.

Para limitarnos solamente al problema de perspectiva de las evoluciones afectiva y cognitiva, notemos lo que Piaget escribía en 1960 acerca de las etapas definidas por Freud. Considera que son sólo una "sucesión de dominantes". Discute el orden de sucesión adoptado, al afirmar que le parece más contingente que necesario. Se pregunta: "¿Por qué, por ejemplo, la fase oral precede a la anal, en vez de sucederla, mientras que ambas funciones son contemporáneas en todos los niveles?" (Piaget, 1960, fragmento citado por Ducret, 1984, p. 142). El epistemólogo considera que la falla del desarrollo, desde el punto de vista analítico, es la ausencia de organización estructural. Como lo analiza en *La formation du symbole chez l'enfant*, los esquemas afectivos no alcanzan ni la generalización ni la abstracción que logran los esquemas lógicos. Si son distintos los campos de investigación, también lo son los resultados. En cierto modo, a Freud le interesa el pensamiento subjetivo, el aspecto afectivo de la personalidad, las consecuencias del inconsciente. Piaget estudia el pensamiento objetivo, su construcción lógica, las manifestaciones de la conciencia del individuo. El objeto de estudio es muy distinto, por lo que es difícil establecer correlaciones precisas entre las etapas. Sin embargo, algunos autores han determinado filiaciones o puentes.

Para Mauco "un parentesco indudable liga al inconsciente y a la psicología infantil" (citado por Tran-Thong, 1980, p. 123). El pensamiento inconsciente definido por el psicoanalista y el pensamiento infantil definido por el epistemólogo presentan analogías. Así, la asimilación de Piaget sólo sería otro modo de definir la digestión afectiva de la realidad descrita por Freud.

Otro autor, Odier, compara el desarrollo del individuo con un río. "Freud y Piaget llegaron a las fuentes del río, pero cada uno sobre su propia orilla" (*ibidem*, p. 124).

Tran-Thong, en su estudio comparativo, considera que el rasgo principal que une a Piaget y a Freud es la relación sujeto-objeto. Es a la vez lo que los une y lo que los separa. "El objeto piagetiano es el objeto del conocimiento objetivo, es decir asimilado con un objeto natural, mientras que el objeto freudiano es el objeto del deseo sexual, asimilado con un objeto humano" (*op. cit.*, p. 133). El conocimiento del primero necesita el titubeo, la asimilación, el acomodo, mientras que el conocimiento del segundo viene de la proyección, de la fijación, de la identificación. La razón, que permite conocer el objeto, lleva a lo universal; la pasión, por el contrario, lleva a lo singular. El paralelismo entre ambas teorías, resume Tran-Thong, está hecho de semejanzas reales y de fuertes oposiciones.

Gouin-Décarie es quizá la investigadora que ha comparado con más precisión epistemología genética y psicoanálisis. Su perspectiva de investigación se centra en el paralelo entre la formación del concepto de objeto en el niño pequeño y la formación de las relaciones objetuales. Varias publicaciones suyas (por ejemplo *Intelligence et affectivité chez le jeune enfant*, Delachaux y Niestlé) muestran que las observaciones de Piaget realizadas con sus tres hijos, sobre todo las que se refieren a la permanencia del objeto, tienen una gran pertinencia. Los experimentos con varias decenas de niños de 3 a 20 meses confirman plenamente las observaciones del epistemólogo. De modo más general, concluyen en las convergencias reales entre etapas identificadas por el psicoanálisis y fases definidas por Piaget.

Notemos que un concepto psicoanalítico que se impone es el de conflicto. La sucesión de las etapas freudianas presenta un carácter conflictivo. Este aspecto, considerado bajo un ángulo un poco distinto, aparece en el constructivismo piagetiano. El conocimiento avanza con la desestabilización que resulta del conflicto cognitivo. Para la colaboradora de Piaget, Bärbel Inhelder, "la fuente de los avances se sitúa en los desequilibrios que incitan al sujeto a superar su estado actual para buscar soluciones nuevas" (1974, p. 321). El niño, desestabilizado por la realidad que se contrapone a sus antiguas concepciones, modifica el equilibrio existente. Reconstruirá lo real con el doble movimiento de asimilación-acomodo, a fin de poder resolver el conflicto. Una cierta forma de fracaso esco-

CUADRO II.6. *Las etapas: perspectiva de las tres teorías*

Referencias	Piaget	Wallon	Freud
Nivel del reflejo (lactante)	Sistemas de reflejos y de instintos. Ninguna diferenciación entre el yo y el mundo exterior	Etapa impulsiva caracterizada por el automatismo de las reacciones	Etapa oral primitiva. La succión, función alimenticia, se vuelve actividad libidinal
Nivel emocional (6 meses aproximadamente)	Coordinación de la prensión y de la visión. Coordinación de los espacios cualitativos	Periodo de gran actividad. Dependencia del medio familiar	La influencia de los allegados y la satisfacción de las necesidades generan la afectividad
Nivel sensomotor (de los 8-9 meses a los 18 meses)	Esquema de conservación. Construcción de la permanencia del objeto. Reversibilidad de acciones. Descubrimiento de acciones generadoras de efectos: jalar una cobija permite alcanzar el juguete que está encima	El niño reacciona ante los objetos exteriores, pero su nivel de reacción sigue siendo afectivo. Caminar favorece el descubrimiento de un espacio más amplio. Etapa de independencia	Principio de la etapa anal (de 1 a 3 años). El desplazamiento de las zonas erógenas traduce un desarrollo de la sexualidad del niño. Descubre la prohibición a través de la defecación contrariada. Periodo de afirmación del yo
Primer nivel de la representación (de los 18 meses a los 3 años)	Principio de la interiorización de los esquemas de acción en representaciones. Descentramiento progresivo	El lenguaje hace posible nombrar a los objetos, desarrollar el contacto con el entorno familiar. Es el	Etapa de reordenamiento social y afectivo. Desarrollo de la curiosidad (exploración del cuerpo): fase de la etapa

	para construir un amplio espacio vivido. Aparición de la función simbólica, que incluye al lenguaje	periodo de la inteligencia de las situaciones	sádico-anal. Relaciones interpersonales inconscientes (principio del complejo de Edipo)
Nivel preoperativo (de los 3 a los 6 años)	Los objetos aún no son entendidos en sus imbricaciones jerárquicas: dificultad de organizar enunciados lógicos con conectores sobre el modelo: *Todos los gorriones son pájaros; algunos pájaros son gorriones*	Etapa del personalismo. Retorno sobre sí mismo. El niño forma su carácter al oponerse. Periodo de inhibición. La inteligencia es práctica, el pensamiento es sincrético	Formación de los complejos parentales. Diferenciación del superyó y formación de actitudes morales. Importancia de las relaciones interpersonales. La sexualidad, autoerótica hasta entonces, se vuelve objetual
Nivel de diferenciación de las operaciones (de los 6-7 años a los 11-12 años)	Etapa de las operaciones concretas. Operaciones reversibles. Operaciones de seriación, clasificación, correspondencia. . . Conclusión de los sistemas de coordenadas (horizontales y verticales). Coordinación de varias perspectivas	Etapa categorial, apertura hacia el mundo. Capacidad de llevar ordenamientos, clasificaciones, diferenciaciones. Posibilidad de considerar acciones diferidas	Principio del periodo de latencia sexual y afectiva. Los acontecimientos anteriores parecen olvidados. El olvido es un efecto de la represión. La disminución de las pulsiones corresponde al descubrimiento de los saberes

CUADRO II.6. *(Continuación)*

Referencias	Piaget	Wallon	Freud
Nivel de la adolescencia (a partir de los 11-12)	Etapa del pensamiento hipotético-deductivo. Operaciones formales. Capacidad de inferir sobre propuestas verbales, de considerar lo real a través de lo posible	Periodo de retorno sobre sí mismo. Las desestabilizaciones corporales y afectivas acarrean nuevas interrogaciones	Fusión de las pulsiones. El ego debe luchar contra los asaltos del ello. Aparecen algunas tendencias reprimidas. El ascetismo y la intelectualización son la respuesta del ego

lar se lee como anclaje en el nivel estructural inferior, como incapacidad cognitiva para construir un nuevo equilibramiento, como represión de toda novedad a causa de una desestabilización demasiado fuerte.

En resumen, ¿se puede afirmar, como algunos psicoanalistas, que las modificaciones afectivas son fuente de las construcciones cognitivas? O por el contrario ¿hay que considerar que lo afectivo permanece dependiente de lo cognitivo? La postura de Piaget es más matizada. La enuncia en distintos textos: "Los mecanismos afectivos y cognitivos siempre permanecen indisociables, aunque distintos, y esto es obvio, si unos dependen de una energética y otros de unas estructuras" ("Inconscient affectif et inconscient cognitif", PPG, p. 23). Hay etapas cuando hay estructura. Ahora bien, no hay una estructura que organice el desarrollo del comportamiento afectivo. Piaget considera en consecuencia que la proximidad entre ambas concepciones debería, en el momento oportuno, desembocar en una integración de las etapas afectivas a las fases intelectuales.

El cuadro II.6 pone en paralelo las tres visiones: la de Piaget, la de Wallon y la de Freud. Es sintético y su único fin es de carácter informativo, al establecer una perspectiva entre terrenos tan distintos como el cognitivo y el afectivo.

Reconozcamos, más allá del desenvolvimiento de las etapas, que se dibujan convergencias entre la epistemología piagetiana y la teoría analítica. Hemos recordado que Piaget, contrariamente a las ideas preconcebidas, reconoce el papel de la afectividad. Para convencerse definitivamente de ello basta recordar ese fragmento relativo a la infancia temprana. Los esquemas sensomotores "comprenden naturalmente una parte esencial de actividad intelectual, pero la afectividad de ningún modo está ausente [. . .] Como bien lo mostraron Claparède (acerca del interés) y Janet, la afectividad regula así la energética de la acción, cuya inteligencia asegura la técnica" (FS, p. 221). También mencionamos la comprobación según la cual su reflexión se colocaba en el objetivo de la relación sujeto-objeto. Del mismo modo, ambas teorías comparten el dominio de la idea de conflicto que alimenta a esta relación. A partir de esta doble observación, se puede inferir un punto en común entre la concepción epistemológica y la analítica: su aspecto constructivista. Recordemos la idea de transformación, finalidad común de ambas visiones. En ambos casos hay integración y superación de un estado hacia otro por medio de construcción. No se trata de restablecer un estado anterior, de encontrar un equilibrio pasado, ni de avanzar por acumulación de modo pasivo. Ambas teorías se fundan en la idea de proyecto, de tiempo controlado, y formulan el pronóstico de que existe un potencial de evolución.

Los conceptos piagetianos desarrollados en esta parte muestran que el sujeto se construye de modo constante. Su transformación empieza cuando se encuentra activo. En la parte que sigue subrayamos la implicación contextual, en situación didáctica, de la teoría constructivista. El niño no es un simple receptáculo de un conocimiento exterior. Tampoco es depositario de un saber interno que se revelaría mediante grados de maduración. Nos situamos en una perspectiva de modificabilidad para la cual el alumno es un actor esencial. Es lo que caracteriza al constructivismo.

III. PIAGET, PRODUCTOR DE PENSAMIENTO

PARA servir de modelo de intervención, el pensamiento conceptual debe poderse contextualizar. Piaget definió una teoría del crecimiento de los conocimientos. No es maestro de obras de una teoría del aprendizaje, incluso aunque redactó textos relativos a la educación. Sin embargo, observa que se le da preferencia, demasiado a menudo, a la palabra (del maestro), cuando convendría privilegiar la acción (del alumno). La hipótesis de los investigadores, como Inhelder o Higelé, continúa la tarea de Piaget. Según ellos, es posible establecer una forma de aprendizaje de las estructuras operativas. En este capítulo la hipótesis de mediación-remediación se considera en torno a varios puntos. ¿Qué relaciones se pueden establecer entre interacción, en el sentido piagetiano, y aprendizaje? ¿Qué sentido darle al inconsciente cognitivo? ¿Qué es una remediación cognitiva? ¿Cómo estructurar el tiempo y el espacio en la escuela? ¿Existen situaciones didácticas que favorezcan la construcción de las estructuras lógicas?

INTERACCIÓN Y APRENDIZAJE

Definiciones

En la obra *L'enfant et la machine à connaître* Seymour Papert traza un paralelismo entre los textos de Jean Piaget y los de Claude Lévi-Strauss. Ambos estudiaron, definieron y difundieron pensamientos alejados de las normas adultas occidentales. Estos pensamientos —el que el etnólogo califica de "salvaje" y el que el epistemólogo llama "infantil"—, existen con su dinámica propia, su estructura específica, su carácter universal. Uno de los rasgos en común es su aspecto concreto, opuesto al formalismo que caracteriza al razonamiento acabado. Sin embargo, no se podría llevar más lejos la compara-

ción entre ambos tipos de investigación. El procedimiento de
Piaget es calificado como estructuralista, ya que se trata de
poner en evidencia la estructura subyacente que organiza las
conductas observadas, una vez que se ha recogido un conjunto pertinente de datos de comportamiento. Esta perspectiva
adquiere un carácter genético, pues el investigador establece
la evolución de los comportamientos de niños de distintas
edades y la evolución de las estructuras que los organizan.
Jean-Paul Bronckart, en el artículo "Les conduites de l'enfant", precisa el estructuralismo genético de Piaget. El procedimiento es genético, porque se funda "en una postura epistemológica y filosófica más general, la del constructivismo"
(*Psychologie*, p. 607).

Lo que constituye la noción de interacción es la relación
entre las estructuras infantiles y el conocimiento del medio.
Dicho de otro modo, es la organización la que liga al individuo
y al medio ambiente. El bebé construye su pensamiento al actuar en su medio cercano, al descubrir así el mundo. Algunos
autores consideran que Piaget, al adoptar el punto de vista de
la construcción de las estructuras lógicas individuales, le da al
entorno un papel de simple revelador, de segundo plano contingente. En realidad, el epistemólogo siempre insistió en la
necesidad, para el desarrollo, de un entorno que pueda ser en-
riquecido con la interacción social. Por ejemplo, en varios textos muestra el interés de colocar a los alumnos en una situación de trabajo de grupo. Psicólogos constructivistas (Doise,
Mugny y Perret-Clermont) retoman y enriquecen esta idea y
definen con precisión las condiciones de la interacción social,
con lo que tienden un puente entre Vygotski y Piaget. Más adelante evocaremos las consecuencias didácticas de esto.

La interacción relaciona a sujeto y objeto para construir lo
real. Si bien existen caracteres comunes en todos los individuos —Piaget habla de "sujeto epistémico"— también hay parámetros personales cuya incidencia sobre el funcionamiento
es real. En otra publicación presentamos el conjunto de los
estilos cognitivos y de las dominantes cuya repercusión se manifiesta en los modos de aprendizaje de los alumnos (Perraudeau, 1996). En aquellas páginas elegimos los que se relacionan de manera más directa con la teoría piagetiana.

En opinión de Reuven Feuerstein, quien colaboró en algunos textos de Piaget, la enseñanza tradicional genera dificultades para muchos alumnos, por su principio de reproducción. Éste se funda en una aproximación "pasivamente aceptante" del aprendizaje. El alumno no construye su saber pues está en la posición de padecer y no de construir. A ese modo él opone un enfoque "activo-modificante" fundado en el principio de educabilidad. Cada individuo, desde el momento en que se lo coloca en condiciones favorables, es capaz de evolucionar. Así, el aprendizaje se considera opuesto a la concepción generalmente admitida. Para argumentar la capacidad cognitiva el profesor debe corregir las funciones deficientes o subexplotadas. Primero necesita reconstruir los prerrequisitos: vocabulario, métodos, operaciones. Paralelamente, debe desarrollar la motivación y suscitar el interés. También intenta promover la idea de proyecto para inscribir la acción del alumno en el tiempo. Debe poder modificar la imagen que el alumno que ha fracasado tiene de sí mismo. La concreción de las propuestas de Feuerstein sobre el potencial de educabilidad y la mediación estructurante se realiza en el PEI (programa de enriquecimiento intelectual). Varias decenas de ejercicios descontextualizados permiten reconstruir el tiempo, el espacio, el número y las operaciones lógicas. La interacción deja de lado el mero campo cognitivo e implica al niño en todos los aspectos de su personalidad.

Seymour Papert es conocido como el inventor del lenguaje informático Logo, que se adapta particularmente bien a los alumnos que se encuentran en una situación de búsqueda activa. Este matemático, de origen sudafricano, también fue asistente de Piaget en el Centro Internacional de Epistemología Genética. En sus numerosas observaciones dice que los niños, como los adultos, actúan según dos estilos cognitivos principales. El primero consiste en un "enfoque duro" del aprendizaje. Se caracteriza por una voluntad de organización y de rigor. El método del ingeniero, el del médico o el del contador, y de modo más general toda función de planificación, encuentran cabida en esta categoría. El segundo estilo cognitivo depende de un "dominio blando" de las relaciones de interacción. Los individuos manifiestan un temperamento curioso más informal. El método artístico, el del trabajador manual, se inscriben en ese marco.

Los investigadores franceses Lerbet y Gouzien definieron el doble concepto de "producción-consumo" que caracteriza al comportamiento desarrollado por el alumno cuando está aprendiendo. Algunos parecen beneficiarse de situaciones en las que actúan directamente, participando de modo activo en la construcción de su conocimiento. Otros parecen dominar mejor un conocimiento cuando éste se les proporciona. La pedagogía tradicional fundada en la reproducción de los saberes engendra más bien un comportamiento de alumno consumidor. Sin embargo, parece que algunos alumnos aprenden de este modo, al leer, al reflexionar, sin que por ello reciban de modo pasivo. El consumo, para esos alumnos, corresponde a una forma de actividad. Como lo confirma Georges Lerbet, "ciertas personas parecen privilegiar los métodos de consumo, como leer y escuchar, para llevar a cabo un aprendizaje, mientras que otras le dan un papel más importante a la escritura o a la expresión oral" (1994, p. 231). Recordemos también que al definir el concepto de zona de desarrollo cercano Vygotski afirma que los alumnos construyen mejor su conocimiento al interactuar. Ahora bien, con frecuencia no se trata de paridad, pues algunos se encuentran más que otros en el lado de la producción. Es, por ejemplo, la situación en la que los alumnos más avanzados plantean preguntas que guían a sus condiscípulos, "al darles el inicio de la solución" (Vygotski, 1985, p. 270). Nos parece que el doble concepto de producción-consumo se inscribe en este proceso.

La interacción es la organización que vincula al individuo con el entorno. Es una forma de equilibración de las estructuras cognitivas, al modificar tanto al sujeto como al objeto. Atañe al sujeto epistémico a través de las etapas invariantes del desarrollo intelectual definido por Piaget. En su acepción didáctica, la interacción concierne también al sujeto psicológico; construir lo real supone no ignorar la personalidad cognitiva de los alumnos.

Los últimos textos de Piaget abordaron la formación del pensamiento a partir de lo posible y de la necesidad. Si la interacción es una de las formas de equilibramiento de la organizacion cognitiva, entonces la interdependencia entre posibles y necesarios pertenece al terreno que nos ocupa. Lo posible, factor de diferenciación, y lo necesario, factor de integración, son procesos que preparan la construcción de las operaciones, como lo recuerda Bärbel Inhelder ("Des structures aux processus", *Psychologie*, pp. 663-664). Su desarrollo, entonces, es paralelo al de las etapas operativas. Para Piaget el sistema de cognición comprende dos componentes:

El sistema cognitivo presentativo se compone de esquemas y de estructuras estables. Permite entender la realidad. Parece proceder esencialmente de la asimilación. Este sistema se refiere al polo epistémico del individuo.
El sistema cognitivo de procedimiento comprende esquemas móviles. Facilita el éxito y satisface las necesidades de creación. Parece proceder del acomodo. El sistema corresponde al polo psicológico del individuo.[1]

Los esquemas operativos se revelan como la síntesis de los esquemas presentativos y de procedimiento. Para el epistemólogo posibilidades y procedimientos forman el cuadro previo a la elaboración de las estructuras operativas. Encontramos la diferencia que existe entre éxito y comprensión. El procedimiento es factor de éxito. Éste supone establecer las condiciones suficientes. El procedimiento permite las aperturas hacia nuevas posibilidades. En cambio, la comprensión es "asunto de necesidad estructural" (Piaget, PN, 2, p. 74). La necesidad interviene para la comprensión de los motivos del éxito.

Lo posible no es un elemento observable que emana del objeto. Es el resultado de la construcción progresiva del individuo. Lo que distingue al empirismo del constructivismo

---

[1] Esta nueva óptica piagetiana de la formación del pensamiento muestra otra vez, si fuera necesario, que el epistemólogo no reduce el niño al sujeto epistémico, sino que considera una globalidad de componentes. Los escritos recientes de Bärbel Inhelder confirman esta orientación al diferenciar con mayor claridad el carácter epistémico, por ende universal, del carácter individual. Llama "psicológico" a este segundo componente. Su proyecto es ir "al encuentro del sujeto como tal, es decir en tanto utiliza y construye individualmente sus conocimientos" (1992, p. 22).

también se sitúa en los últimos textos de Piaget. Para el empirismo la lectura del objeto se efectúa primero mediante la observación. Para el constructivismo, la interacción permite considerar el conjunto de todas las posibilidades, "al ser esas 'todas' sólo una posibilidad en movimiento" (Piaget, PN, 1, p. 6). ¿Cómo se realiza lo posible? Proviene de la realidad, al ir más allá de la percepción previa. Desde el punto de vista de su funcionamiento, puede adquirir un carácter hipotético alimentado por la dialéctica de prueba y error. También puede adquirir un carácter deducible. Desde el punto de vista del procedimiento, como indicamos en el cuadro, *infra,* se desenvuelve por etapas: de modo segmentado y de modo articulado en "coposibilidades" concretas y abstractas.

La necesidad no es un elemento observable derivado del objeto. Tampoco es un estado definitivo. No emana del objeto sino que resulta de la construcción deductiva del sujeto. Además, se solidariza con la constitución de las posibilidades. Las "pseudonecesidades" que el epistemólogo suizo evidencia durante una serie de experimentaciones que aparecen en *Le possible et le nécéssaire* no son propias del niño. Recuerda que "el gran Aristóteles" daba una representación aberrante de la trayectoria de un proyectil, sensiblemente idéntica a la que da un niño de 5 años. Dicha trayectoria puede esquematizarse gráficamente como sigue:

El filósofo griego creía que el objeto proyectado necesitaba seguir trayectorias rectilíneas. Esta necesidad errónea es calificada como "pseudonecesidad". Piaget prosigue su desarrollo en torno a un punto que les interesa directamente a los profesores. "En los sujetos jóvenes las 'pseudo necesidades' van naturalmente mucho más lejos: un cuadrado sobre una punta ya no es un cuadrado y sus lados se vuelven desiguales" (PN, 1, pp. 8-9). Más adelante hablaremos de la impregnación deformante de un objeto de conocimiento presentado con frecuen-

CUADRO III.1. *Lo posible y lo necesario*

Referencias	Lo posible y lo necesario	Ejemplo práctico
Representaciones preoperativas (entre los 2 y los 6-7 años). Periodo de indiferenciación entre lo real, las pseudonecesidades y las posibilidades reducidas a la prolongación del medio	Las posiblilidades se encadenan en "sucesiones analógicas", las necesidades son locales e incompletas. Se trata de "prenecesidades", "pseudonecesidades"	Hacia los 3-4 años los niños colocan las fichas en tres de las cuatro esquinas. Piensan que no se pueden considerar otras colocaciones
Operaciones concretas (entre los 6-7 y los 11-12 años). Etapa de diferenciación: lo posible se compone de familias, lo necesario engendra composiciones, lo real permanece concreto	Hay constitución de coposibilidades (posibilidades que pueden componerse entre ellas) y de conecesidades limitadas. La recursividad, la transitividad, son formas de necesidad	Hacia los 7 años, producción de 4 a 6 soluciones distintas. Forman las coposibilidades. Hacia los 9-10 años, el número aumenta. Los niños hablan de varias decenas de posibilidades
Operaciones formales (a partir de los 11-12 años). Periodo de integración en un sistema organizado. Lo real aparece "como un conjunto de actualizaciones entre posibilidades" (Piaget, PN, 2, p. 7)	Las coposibilidades son ilimitadas, la necesidad se generaliza	Hacia los 11 años los niños afirman que hay una infinidad de posibilidades. Las posibilidades ya no son realizables, pues su número pasa a "lo ilimitado deductivo" (Piaget, PN, 1, p. 23)

[113]

cia bajo la misma forma. Este fenómeno también se designa como efecto de tipicalidad.

Dicho efecto dificulta las representaciones menos frecuentes y a veces constituye un obstáculo para la constitución del concepto.

Elegimos, a guisa de ilustración, una experiencia dirigida por Monnier y Dionnet, colaboradores de Piaget. La tarea es sencilla. Se les pide a los sujetos (de 4 a 13 años) que coloquen tres fichas sobre un cartón rectangular, de todas las maneras posibles. Los resultados obtenidos se sintetizan en el cuadro que sigue.

Según Piaget, existe entonces "un paralelismo estrecho entre ambas evoluciones de lo posible y de lo necesario y, además, un indudable parentesco con la de las estructuras operativas" (PN, 2, p. 170). Posibilidad y necesidad constituyen el marco de referencia, indispensable para la formación de las operaciones. Los puntos planteados para la práctica son numerosos. Notemos, por ejemplo, el de la imposición deformante de una forma, o efecto de tipicalidad, que impide considerar las distintas posibilidades que constituyen el objeto.

Desarrollos pedagógicos

Piaget establece una clara distinción entre aprender y conocer. Según él, aprender es lograr el éxito, mientras que conocer es entender. Varios autores retoman esta distinción. Así, para Zelia Ramozzi-Chiarottino conocer es "entender y distinguir las relaciones necesarias de las relaciones contingentes" (1989, p. 127). Es importante aclarar este punto, porque funda las conductas pedagógicas que se refieren al constructivismo.

Conocer no sólo es observar, copiar o representar un objeto; es también darle un sentido a lo real. Lo real se entiende en el sentido piagetiano como el medio, es decir el conjunto de los individuos, de los objetos y de los acontecimientos, estructurado gracias a los esquemas elaborados del niño. Este real no sólo está considerado en su forma actual sino que también está situado en el pasado y considerado a través de sus diversas posibilidades. El niño construye lo real por medio de la acción directa o el acto interiorizado.

En 1974 Piaget publicó una obra dedicada al problema: *Réussir et comprendre*. En este estudio resulta que "entender consiste en establecer la razón de las cosas, mientras que lograr sólo equivale a emplearlas con éxito" (RC, pp. 242-243). El logro puede considerarse como condición previa para la comprensión, pero ésta rebasa rápidamente a aquélla, incluso prescinde de ella, lo mismo que el pensamiento, progresivamente, rebasa la acción y prescinde de ella. Querer llevar la "razón de las cosas" al campo de las posibilidades implica necesariamente rebasar la acción. Piaget lo recuerda cuando afirma que "la comprensión, o búsqueda de la razón, sólo puede rebasar los logros prácticos y enriquecer el pensamiento, en la medida en que [. . .] el mundo de las 'razones' abarca las posibilidades y así desborda lo real" *(idem)*.

Al retomar el trabajo del epistemólogo, Georges Lerbet observa que la secuencia lograr-entender (L-E) precede a la secuencia entender-lograr (E-L). Al caminar el niño se encuentra lejos de entender los mecanismos musculares y nerviosos que hace funcionar.[2] En la vida cotidiana, comprometemos actos que sería difícil explicitar. ¿Acaso una buena mayonesa resulta del análisis y de la comprensión del fenómeno químico que rige la operación? ¿Hay que conformarse por ello con el éxito, en el terreno que sea, y sobre todo en el del aprendizaje, sin preocuparse por la comprensión?

Georges Lerbet, con justa razón, observa que la escuela

---

[2] En la entrevista con la *Revue Française de Pédagogie* ("Une heure avec Piaget", 37, p. 8, 1976) Piaget narra un episodio relativo a la secuencia L-E, acerca de los adultos. Durante una sesión del Centro de Epistemología se relataba una experiencia que presentaba el modo en que los niños explicaban cómo gateaban. Naturalmente, se vio que todos los niños sabían caminar así, pero pocos eran capaces de verbalizar la manera en que colocaban rodillas y manos. Surgió la idea de renovar la experiencia (gatear, y luego las explicaciones) con los participantes, todos ellos eminentes investigadores. Los físicos y los psicólogos salieron bastante bien librados del experimento, y describieron correctamente lo que habían hecho. En cambio, ¡los matemáticos y los lógicos fracasaron en sus explicaciones! Las suyas eran muy lógicas, rigurosas desde el punto de vista conceptual, pero inexactas frente a la acción. Los primeros describieron lo que habían realizado, los segundos reconstruyeron una realidad sin tomar en cuenta la realidad.

tiende a proceder de modo inverso. Con mucha frecuencia la explicación formal precede a una serie de aplicaciones prácticas. La secuencia E-L sustituye a la secuencia L-E. Ahora bien, la idea piagetiana postula que el logro es condición previa de la comprensión. Ésta no se puede construir sin haber pasado por aquélla, al menos en todo lo que se refiere al terreno concreto.

Desde la ley de orientación de 1989 se preconiza un trastocamiento en el orden secuencial. Los textos oficiales afirman la necesidad, para el alumno, de "construir sus aprendizajes" y de desarrollar capacidades que ya no son estrictamente disciplinarias, sino también transversales. Se considera importante la necesidad de construir el polo del logro antes del polo de la comprensión. Ya no se trata de enseñar de modo abstracto, sino de construir la abstracción con las etapas concretas más formales. La escuela (re)descubre que el conocimiento se elabora al actuar sobre la realidad. Un problema de matemáticas no queda resuelto con la suposición de que el alumno tiene aptitudes. Lo que permite resolver el problema son la investigación, los titubeos, el ensayo-error, la manipulación, la representación figural, el intercambio entre alumnos. En cierto modo la escuela preprimaria señala el camino. El joven alumno arma, desarma, vuelve a armar su Lego, y deshace lo que construyó para hacer algo nuevo. Este conjunto de actos vividos de modo directo produce un doble descubrimiento. El primero se refiere a las propiedades que pertenecen al objeto de conocimiento: son los atributos del objeto (el Lego es sólido, voluminoso, colorido. . .). En términos piagetianos, se habla de abstracción simple o empírica. El segundo descubrimiento se refiere a las propiedades que el individuo aplica al objeto y a las relaciones que vinculan a esas propiedades: son los atributos del sujeto (comparar, enumerar, ordenar. . .). Es la abstracción reflejante. Esta segunda forma de abstracción adquiere dos aspectos complementarios: el "reflejamiento", que Piaget define como proyección en el nivel superior de lo que se transfiere desde el nivel inferior, y la "reflexión", que es la reorganización estructural en el nivel superior.

Darle un sentido a los objetos es entender. La comprensión

se funda en la abstracción reflejante. La abstracción empírica y la abstracción reflejante no están vinculadas a una etapa de desarrollo específico. Se encuentran en todos los niveles, incluso en el bebé. La abstracción reflejante implica la reflexión en torno al conocimiento. Zélia Ramozzi-Chiarottino da una prolongación, en términos de aprendizaje, al proceso de abstracción:

> Cuando se invita a un niño a reflexionar sobre lo que ha hecho, se le incita con ello a "formalizar" los esquemas de su actividad, lo mismo que a expresar las propiedades desarrolladas por la coordinación [. . .] De ahí la necesidad de favorecer en la educación, con la toma de conciencia, la reflexión acerca de las acciones físicas y de las operaciones mentales [1989, p. 24].

Por lo tanto, consideramos que elaborar una regla del juego, ordenar los libros en BCD después de definir varios criterios, enunciar y encadenar una serie de argumentos en la expresión oral, son otros tantos métodos que refuerzan la abstracción reflejante.

Cuando se relaciona con el aprendizaje, la epistemología piagetiana intercambia el dominio fundamental presentado más arriba por el campo de las aplicaciones. Jean-Marie Dollé (1989, pp. 58-59) anota que posee varias propiedades ligadas a la aplicación pedagógica.

En primer lugar, ofrece una dimensión experimental. La epistemología funda situaciones en las que cada alumno puede actuar, pero también reflexionar acerca de su actividad. El profesor que se involucra en una práctica de ese tipo privilegia la competencia en relación con el resultado. Es más interesante saber cómo procede el alumno que conocer un resultado bruto que no revela ninguna indicación acerca del camino seguido por la mente. El trabajo en grupos pequeños, en pares o incluso individual, con la supervisión del profesor, facilita la atención prestada al método cognitivo.

También posee una dimensión diagnóstica. Al crearse la situación activa (grupo, trabajo en parejas o alumno-maestro), la observación del modo de proceder permite advertir la ausencia eventual de estructuras que expliquen una dificultad o un fracaso.

Finalmente, la epistemología genética aplicada al terreno del aprendizaje puede tomar una dimensión remediadora. El análisis del diagnóstico permite establecer actividades en relación con las operaciones buscadas. Los talleres de razonamiento lógico se inscriben en esta perspectiva, lo mismo que el trabajo de Ramozzi-Chiarottino, que presentaremos más adelante.

Mencionamos en varias ocasiones el método clínico empleado por Piaget y su equipo. El principio es sencillo: consiste en establecer una relación dual entre el adulto y el niño, en torno a un intercambio verbal, con un material específico del terreno de observación. En todos los textos de Piaget dedicados al estudio de un tema las entrevistas se retranscriben sistemáticamente (material empleado, preguntas inductoras del adulto, respuestas del alumno, interpretaciones). Por ejemplo, pueden consultarse las obras RM, JR, RE o LC que retoman el mismo método, cada cual en un terreno distinto. En el libro de Jean-Marie Dollé el lector puede encontrar también algunas páginas dedicadas al tema (1989, pp. 103-107). El autor recuerda, por ejemplo, cómo Piaget interrogó a más de quinientos niños para su trabajo sobre *La naissance de l'intelligence*. Esta investigación le permitió desarrollar y precisar su método. En la entrevista introdujo preguntas opuestas a la idea desarrollada por el niño, para desestabilizarlo cognitivamente y engendrar en él una toma de conciencia.

Asimismo, nos parece interesante presentar las investigaciones del psicólogo Pierre Vermersch. Su campo de trabajo se centra más en el manejo de la entrevista individual y va dirigido a los adultos. Sin embargo, sus artículos sobre "la entrevista de explicitación" son una rigurosa ilustración del modo de contextualizar una práctica piagetiana. Además, sus textos contienen elementos metodológicos y algunas de sus modalidades parecen susceptibles de adaptarse a la escuela. Vermersch recuerda primero los límites que no deben perderse de vista. "Ningún observador, psicólogo o no, puede observar procesos cognitivos, simplemente porque no se trata de una realidad directamente observable" (1990, p. 231). En cambio, son observables las representaciones y las verbalizaciones relativas a la acción. Al situar esos diversos rastros a la luz de una teoría, el observador puede recoger elementos pertinentes sobre "la existencia, la naturaleza y las propiedades de los procesos cognitivos" (*ibidem*, p. 231).El psicólogo insiste en la necesidad del "contrato de comunicación", lo cual significa que la persona observada acepta el protocolo. La entrevista es primero una relación entre individuos, antes que el establecimiento de técnicas particulares. Nos parece fundamental que en la práctica del aula los alumnos conozcan la finalidad y las modalidades de la entrevista, ya sea individual o a un grupo pequeño. No debe olvidarse nunca que lo que le parece natural al adulto puede permanecer ajeno para el alumno. Existe el riesgo de que éste no se involucre porque desconfía o porque no entiende. La retención de informaciones nunca favoreció la motivación.

Las entrevistas que parecen las más naturales, las más improvisadas, son las que mejor se han preparado, las que mejor se dominan. Dirigir una entrevista es más complejo de lo que parece. Se necesita cuidar las preguntas acerca de la acción que transcurre y no extrapolar, ya que se puede caer en el registro de la opinión, fuera del objetivo fijado inicialmente. Vermersch llama la atención, en primer lugar, sobre las formulaciones del alumno que descentran la observación. El alumno ya no comenta directamente su acto, sino la idea que formula acerca de él. Son frases como "Siempre lo hago así. . . hay que comenzar por esto. . ." Es realmente importante hacer que el alumno ya no hable acerca de su acto, sino que lo describa. "Todas las preguntas descriptivas ayudarán al sujeto a verbalizar informaciones específicas, más que informaciones generales" (*ibidem*, p. 230). Las preguntas pueden, por ejemplo, estructurar la acción (lugar, tiempo. . .): "¿Con qué empezaste?. . . ¿Qué viste?. . . ¿Qué hiciste entonces?. . . ¿Qué estabas viendo?. . . ¿Cómo sabes que se acabó?" El observador también debe desconfiar de las preguntas acerca de la causalidad (todos los "por qué. . .". El alumno, en este caso, abandona su calidad de sujeto actuante para adoptar la de comentarista de su propio gesto, lo cual se contrapone con el objetivo perseguido. Privilegiará las formas que invitan a dar más detalles (todas las variaciones en torno al "cómo. . ."). Pierre Vermersch da algunos ejemplos de preguntas: "¿Cómo sabías que era difícil? ¿Qué se necesitó para que tú. . .? ¿Qué hiciste cuando. . .?"

Estas escasas pistas nos parecen valiosas y pueden permitir que los profesores beneficiados por condiciones favorables establezcan nuevas prácticas. El tiempo destinado a los estudios dirigidos parece adaptarse a la empresa. Sin embargo, pensamos que antes de impulsar cualquier práctica es necesario informarse con mayor precisión acerca de los fundamentos teóricos. El aporte conceptual y las aplicaciones prácticas de la entrevista están contenidos en los textos de Piaget (JR, RE, RC, PN. . .) y en los artículos de Pierre Vermersch que aparecen en la bibliografía. También consideramos como condición necesaria el trabajo de grupo, tanto en equipo de ciclo como en colaboración con investigadores de la universidad.

La actividad, ya sea de aprendizaje o de remediación, se sitúa del lado de la experiencia constructiva para adquirir un carácter epistemológicamente aumentativo. Piaget da ejemplos precisos a lo largo de numerosos escritos. Distingue dos tipos de experiencias que aluden a los dos tipos de abstracción presentados más arriba.

Por una parte, están las experiencias sobre un objeto específico, que apuntan a describir sus propiedades. Encontramos de nuevo la abstracción empírica. En esta categoría se inscriben, por ejemplo, las experiencias vinculadas con la tecnología. En el ciclo 2 es lo que se refiere al agua en sus diferentes estados, así como al empleo de objetos técnicos usuales. En el ciclo 3 hallamos todo lo que depende del estudio de la materia y de la energía, de los montajes eléctricos, de las palancas y de las balanzas.

Por otra parte, existe una segunda categoría de experiencias que también se refieren a objetos, pero que hacen funcionar la construcción de conductas cognitivas en el niño; Piaget las llama esquemas. Es el terreno de la abstracción reflejante. En el aula el objeto es un soporte privilegiado para la actividad del alumno. Su acción le confiere al objeto unas propiedades que éste no posee de modo intrínseco. Tomemos el ejemplo de un alumno al que se le pide que vuelva a colocar varios libros en los estantes correspondientes de la biblioteca. La realidad de la actividad es efectivamente la puesta en marcha de los esquemas. Se trata primero de identificar el libro para colocarlo junto a sus semejantes; el alumno procede por comparación o por distinción. Se trata luego de guardar, al clasificar y ordenar. Pueden añadirse otras actividades complementarias como la enumeración, la asociación, etc. Una actividad tan común y tan banal como la que acabamos de indicar viene de coordinaciones de acciones bastante complejas. Sin embargo, nos parece que se debe ir aún más lejos y hacer que el alumno separe las diferentes acciones que se están coordinando. Las acciones de este tipo permiten elaborar operaciones y facilitan el modo inferencial. La toma de conciencia del acto permite luego que el niño considere las posibilidades de manera hipotético-deductiva. "Además, esas coordinaciones generales se transformarán muy rápido [. . .] en operaciones interiorizadas, de tal modo que en el nivel siguiente, el niño no necesitará experimentar [. . .]: deducirá mediante operaciones lógicas" (PEP, p. 42). La actividad que acabamos de definir en su sentido piagetiano distingue lo que le corresponde al objeto del saber, con sus propiedades y sus atributos invariables, y lo que depende de la intervención directa del alumno. Una de las finalidades de la acción es hacer que el alumno tome conciencia de ambos aspectos y de las capacidades que intervienen en uno y otro caso.

Un concepto, el del cuadrado, para retomar el ejemplo formulado por Jean Piaget, sólo se puede adquirir de modo estable, es decir transferible, si el alumno entiende que la figura geométrica posee sus propias invariables. Adquirir el concepto de cuadrado no consiste en una observación a menudo pasiva, tampoco en una reproducción que no es más que falsa actividad. Conviene crear situaciones que induzcan al alumno a descubrir las propiedades invariables de ese cuadrilátero (longitud de los lados y sectores angulares) independientemente de los aspectos secundarios (tamaño, orientación sobre una punta), que llaman con frecuencia la atención. La necesidad lógica de que esta figura corresponda a una definición estricta para ser cuadrado se opone a la "pseudonecesidad" que da el alumno sobre la perspectiva ligada a la forma.

La enseñanza que define al objeto geométrico sobre todo por su forma aparente no crea al concepto. Genera una representación del objeto que no es todo el objeto, pues sólo toma en cuenta una forma particular. El alumno percibe únicamente una forma posible en el objeto: para él, "un cuadrado sobre una punta ya no es un cuadrado y sus lados se vuelven desiguales" (PN, 1, pp. 8-9). Nos parece que el objetivo de un aprendizaje que busca alcanzar el concepto no es construir el ejemplar más representativo de ese concepto, sino hacer entender que las propiedades permiten establecer una distancia en relación con el prototipo tradicional. Jean-François Richard definió la tipicalidad y los efectos negativos que podía adquirir en los procesos de aprendizaje.[3] La tipicalidad es la representatividad de un objeto en relación con su clase. Cuando se les pide a unos alumnos de ciclo 3 que dibujen un ejemplo de triángulo la forma equilátera en la posición "montaña" es la que gana los votos. En un cuestionario realizado en tres aulas, 62 alumnos de un total de 82, o sea las tres cuartas partes, produjeron esta forma. Construyamos la hipótesis según la cual, para ciertos alumnos cuyo funcionamiento cognitivo está orientado al consumo o la dependencia del campo, un prototipo demasiado marcado puede ocasionar dificultades que se traducen en una cristalización cognitiva. Como corolario, la figura geométrica cuya forma se percibe alejada del prototipo puede dejar de llamarse triángulo. En el estudio "La construction des triangles" (PN, 1, pp. 151-166) Piaget y sus asistentes les piden a los niños (de 4 a 12 años) que realicen triángulos con espaguetis de distintas longitudes y que dibujen todos los que consideren que se puedan trazar. El resultado de este experimento es un crecimiento progresivo de las posibilidades. Piaget observa problemas de cerrazón y de superación en los niños más pequeños. Después, advierte el apego a una "pseudonecesidad" de las simetrías: los niños construyen triángulos isósceles con forma de montañas. Sólo los que alcanzaron el nivel formal elaboran formulaciones concretas; éstas dependen del pequeño número de "familias" de triángulos (isósceles, rectángulos. . .), que comprenden un gran número de variaciones posibles.

Cuando el aprendizaje no se limita a una forma única, sino

---

[3] Se trata principalmente del capítulo "Les formes de connaissances", tomado del libro que aparece en la bibliografía, pp. 59-96.

que favorece el descubrimiento de las posibilidades, permite que el pensamiento referencial sea estimulado y que se establezca de manera estable. A la inversa, los efectos perversos de la tipicalidad llevan a privilegiar una forma particular del objeto en relación con una experiencia concreta demasiado excluyente: triángulo/montaña; cuadrado/cubo colocado; rectángulo/pintura. Esta forma prototípica se convierte para el alumno en la única forma necesaria, con exclusión de las otras posibilidades. La forma particular también puede resultar de una exclusión inconsciente de situaciones atípicas. En gramática la cadena sujeto-verbo-complemento es con frecuencia la primera y la única que se presenta por mucho tiempo. La impregnación deformante es tal que crea un verdadero embotamiento cognitivo, el cual oculta la posibilidad de una anteposición verbal y, por consiguiente, vuelve más lenta la construcción correcta del concepto de sujeto y de cualquier otro concepto funcional.

Por lo tanto, para superar estas contradicciones e impedir que los efectos de tipicalidad contaminen la construcción conceptual, nos parece necesario desarrollar la idea de posibilidades. Para retomar un ejemplo dado más arriba, invitemos a los alumnos a que hagan un inventario de las distintas colocaciones y diversas formas del sujeto en la frase. El repertorio así elaborado puede exhibirse momentáneamente y servir como referente común.

También nos parece útil privilegiar las situaciones de inclusión que determinan a clases y subclases, lo que llamamos con los alumnos las "familias" de objetos. Una noción no puede tener una existencia conceptual aislada. Es indispensable vincularla con una estructura. Así, otro ejemplo familiar es un complemento que pertenece a los grupos funcionales e incluye complementos de objeto y complementos circunstanciales. La construcción de las secuencias puede efectuarse de modo realmente activo al emplear un método inductivo. Pensamos en el que inició Britt-Mari Barth, cuya exposición de las concepciones teóricas y prácticas aparece en sus dos textos (1987, 1993). Hemos presentado una decena de aplicaciones de este método en nuestro libro anterior (1996, pp. 128-136). La representación que sigue ilustra el tema. El estudio realizado en el nivel medio acerca de la familia de los complementos desemboca en una síntesis después de las secuencias específicas de cada noción. Sitúa cada función en relación con las demás y permite una organización de conjunto lógicamente justificada (aparece la inclusión) y visualmente provechosa. Puede ser organizada en forma de árbol, como se muestra en la figura II.2.

Este tema no se puede reducir a las meras actividades sintácticas. Cierto número de reflexiones y de métodos abordan el aprendizaje con preocupaciones semejantes y nos parece que se inscriben concretamente en la visión metódica y estructurada que acabamos de definir.

Pensamos, por ejemplo, en el aprendizaje de las matemáticas tal como lo concibe Henri Planchon. Según él conviene desarrollar cuatro terrenos: el razonamiento, la abstracción, la organización y la mentalización. El razonamiento y la abstracción constituyen un lenguaje común. La organización sitúa el objeto de estudio en un sistema. La mentalización es la capacidad de interiorizar los objetos y sus transformaciones.

Henri Planchon insiste en la necesidad de desdramatizar el error porque, precisa, "toda actividad matemática comienza con vagabundeos" (1989, p. 18). Cada profesor sabe que el fracaso en matemáticas está cargado de representaciones. Piaget no desconocía esta dimensión. Incluso vislumbró los aspectos dinámicos del error en los procesos de desarrollo: "No es menos cierto, desde el punto de vista de las posibilidades, que un error corregido puede ser más fecundo en aperturas posteriores que un logro inmediato" (PN, 1, p. 6).

Planchon también insiste en el papel del adulto. Considera que, en su papel tutelar, proporciona una ayuda personalizada, verdadera mediación entre el alumno y el saber. Otro punto que trata este autor es el papel de la representación, mencionado varias veces en este capítulo. La representación gráfica de un saber previo, lo mismo que la esquematización de una construcción en curso, son soportes indispensables. Hacen posible que la verbalización se clarifique y, a menudo, permiten dilucidar lo que permanecía confuso en la mente del alumno. Favorecen la argumentación y facilitan el intercambio entre compañeros.

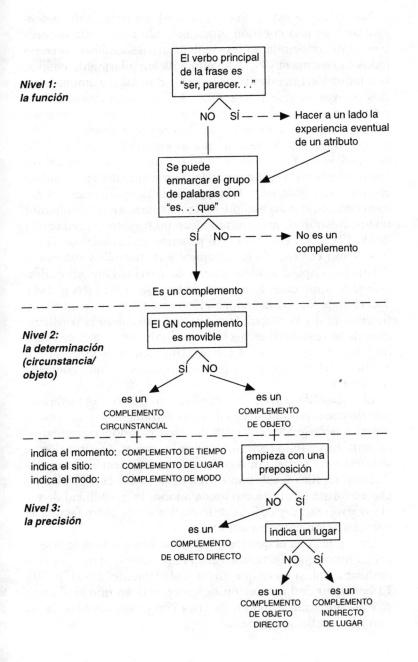

Nivel 1:
la función

El verbo principal de la frase es "ser, parecer. . ."

NO   SÍ ─ ─ ─► Hacer a un lado la experiencia eventual de un atributo

Se puede enmarcar el grupo de palabras con "es. . . que"

SÍ   NO ─ ─ ─► No es un complemento

Es un complemento

Nivel 2:
la determinación
(circunstancia/
objeto)

El GN complemento es movible

SÍ   NO

es un
COMPLEMENTO
CIRCUNSTANCIAL

es un
COMPLEMENTO
DE OBJETO

indica el momento: COMPLEMENTO DE TIEMPO
indica el sitio: COMPLEMENTO DE LUGAR
indica el modo: COMPLEMENTO DE MODO

empieza con una preposición

Nivel 3:
la precisión

NO   SÍ

es un
COMPLEMENTO
DE OBJETO DIRECTO

indica un lugar

NO   SÍ

es un
COMPLEMENTO
DE OBJETO
DIRECTO

es un
COMPLEMENTO
INDIRECTO
DE LUGAR

Para concluir esta primera parte del tercer capítulo, detengámonos en una cuestión que a menudo representa un problema. El conocimiento proviene de un desequilibrio —como todos lo reconocen— que se alimenta singularmente cuando la interacción inicial entre el sujeto y el medio se amplía a varios individuos que interactúan. A la primera desestabilización cognitiva se añade el parámetro social que, en muchos casos, enriquece la experiencia. A veces se le reprocha a Piaget que haya dejado de lado este aspecto del aprendizaje. En realidad, si bien lo esencial de su trabajo consistió en definir los procesos de crecimiento del conocimiento en el sujeto epistémico, nunca negó la importancia del parámetro social. Para convencer a los escépticos, los invitamos a releer algunos textos. Ilustramos nuestro tema con un fragmento, redactado desde 1935. "La vida social, al penetrar en la clase con la colaboración efectiva de los alumnos y la disciplina autónoma del grupo, implica el ideal mismo de actividad que antes describimos como característica de la escuela nueva" (PP, p. 244). Todo lo que facilita la cooperación entre alumnos, como la situación dual y la grupal, favorece por naturaleza la construcción de lo real. Pero es necesario reflexionar en algunas condiciones de aplicación. El especialista en trabajo de grupo Michel Barlow recuerda algunos fundamentos que conviene no olvidar.

El trabajo de grupo es un medio, y no un fin. Conviene emplearlo como complemento de otras estrategias y conforme al objetivo perseguido. Por ejemplo, sería paradójico configurar un aula agrupando constantemente las mesas. La situación se volvería muy torpe, tanto como puede serlo con el orden tradicional en filas y columnas. Una disposición permanente en U o en forma de anfiteatro les da a todos la posibilidad de ver el pizarrón sin demasiada dificultad y, sobre todo, facilita la comunicación entre los alumnos.

Otro punto en el que insiste Barlow: "nunca proponerles a los alumnos que efectúen en grupo una actividad que podrían realizar igual, si no es que mejor, aisladamente" (1993, p. 30). El beneficio de la situación de grupo está en que el alumno puede comparar su punto de vista con otros, después de un tiempo de reflexión personal.

El grupo de cuatro o de seis es una estructura que da más seguridad, y a menudo se adapta mejor a los alumnos que necesitan entrar en confianza. Al revés del grupo grande, que puede cohibir, y en el que se impone la presencia congregadora del maestro, la unidad pequeña tranquiliza. Sin embargo, conviene permanecer vigilantes para evitar que un alumno de personalidad demasiado fuerte apague a sus condiscípulos.

El efecto de desestabilización cognitiva del que habla Piaget, o el de tutela, fundado por un desarrollo cercano, que evoca Vygotski, encuentran un terreno favorable. Cuando dirigimos talleres de razonamiento lógico con alumnos de ciclo 3 reservamos con mucha frecuencia un momento dedicado a una confrontación en grupos de cuatro o de seis. Con una duración siempre limitada a 5 o 6 minutos, la confrontación precede la reunión de todo el salón. Esta fase nos parece indispensable para el aporte arriba mencionado. Sin embargo, sólo adquiere todo su valor porque los alumnos fueron informados del beneficio que podían obtener con ella.

Hacerles saber a los alumnos los objetivos perseguidos y el método adoptado sigue siendo el medio más seguro de implicarlos totalmente en la interacción y de convertirlos en actores de la construcción de su saber.

EL INCONSCIENTE COGNITIVO Y LA DISFUNCIÓN OPERATIVA

"Se demuestra con la lógica, se inventa con la intuición", decía el matemático Henri Poincaré. En los procesos de aprendizaje dirigidos en el salón de clase la facilidad inducida para producir hipótesis corresponde a un movimiento de pensamiento que deja que la intuición apoye al razonamiento. ¿Está regulada la alternancia de los modos analógico, inductivo y deductivo producidos por el alumno con las leyes mismas de la lógica consciente? Piaget establece la hipótesis de la existencia de un inconsciente cognitivo que "consiste así en un conjunto de estructuras y de funcionamientos que el sujeto ignora" (PPG, p. 9).

Entre las numerosas dificultades halladas en clase se encuentra la de la aparente no comprensión en un plazo determinado. Lo que un alumno entendió un día parece haberlo perdido al día siguiente. Se plantea la posibilidad de establecer las actividades de remediación que tomen en cuenta la existencia de un inconsciente ligado a la cognición. En contextos muy diferentes, varios psicólogos, como Jeannine Guindon,[4] Jean-Marie Dollé, Zelia Ramozzi-Chiarottino, imaginaron y experimentaron métodos que retomaban muchos elementos definidos por el constructivismo piagetiano, con el fin de responder·a las disfunciones cognitivas.

El inconsciente cognitivo

Es un terreno particularmente delicado, que se revela como terreno de debate pero también como dominio de investigación muy abierto. Pascal Engel, en *Philosophie et psychologie*, escribe: "No parece haber nociones que susciten más el escepticismo, el fastidio, incluso la rabia de algunos filósofos, que esas ideas de 'reglas tácitas', de 'conocimiento tácito', o de 'inferencia inconsciente'" (1996, p. 229). Pierre Vermersch es autor de un artículo al que ya nos referimos, "Questionner l'action: l'entretien d'explicitation", que permite entender mejor las interacciones en juego durante los intercambios verbales en el marco del método clínico. Concluye su texto evocando algunas perspectivas de investigación, como la que se refiere a "la cuestión de los conocimientos no conscientes y su consideración en una teoría más completa del funcionamiento cognitivo" (1990, p. 233). El matemático Poincaré consideraba que la característica del espíritu matemático no dependía de la lógica de la actividad sino de su estética. Dicho de otro modo, las matemáticas estarían constituidas por una

---

[4] No desarrollamos las ideas de Jeannine Guindon, que tocan el sector muy específico de la delincuencia. Su libro, *Les étapes de la rééducation* (París, Fleurus, 1977), revela a una autora cuyas fuentes teóricas toman prestado tanto de Piaget como de los psicoanalistas Erikson o Rapaport. Se ubica en la confluencia de estas corrientes y se apoya en las convergencias, como lo demuestra esta cita: "La psicología psicoanalítica del desarrollo postula otro principio que es compartido por los partidarios de muchas otras teorías como Piaget [. . .] el proceso de desarrollo no es un crecimiento cuantitativo continuo, sino más bien una serie de fases discontinuas y cualitativamente distintas" (p. 33).

cara lógica y una cara extralógica (estética, intuitiva. . .), quizá predominante. Esta tesis influyó a matemáticos como Papert, quien se vale de ella en el capítulo "L'inconscient mathématique" que aparece como epílogo de su obra *Jaillissement de l'esprit*. Uno de los aspectos de la cara extralógica lo constituye lo que Poincaré llama el inconsciente lógico-matemático. Esta instancia parece gobernada por sus propias leyes de organización. Su existencia queda atestiguada, según el matemático francés, por el hecho, a menudo comprobado, de que la solución de un problema surge cuando menos se lo espera, en un contexto a menudo muy distinto del original. Él ve ahí el resultado de una inferencia realizada en un terreno de la mente fuera de toda conciencia. En su opinión la producción inconsciente de una solución parece indicar que esta instancia está dotada de su propia lógica. Todo ocurre como si la estética presidiera el trabajo del matemático al encadenar varias fases. Una primera etapa consiste en el análisis riguroso y consciente del problema. Puede resultar suficiente para su solución. Si el problema es más complejo, esta fase se vuelve proceso de integración de los elementos en una segunda etapa, marcada por el trabajo fuera de la conciencia. El inconsciente, para Henri Poincaré, está dotado de una lógica sólida, de una capacidad de concentración y de un rigor que le permiten al contenido no desviarse del objetivo fijado. La tercera etapa es la del retorno al espíritu consciente. Los resultados aparecen generalmente en el momento en que el sujeto menos se lo espera, bajo una forma parcelaria o definitiva.

La tesis de Poincaré plantea varios problemas. Primero, ¿acaso significa que todo trabajo matemático o lógico apela necesariamente a procesos que escapan del terreno de la conciencia? ¿Cómo se efectúa el trabajo inconsciente que produce un resultado? ¿En qué momento la estructura inconsciente hace que emerja de nuevo la producción de su proceso? ¿La estructura del inconsciente está compuesta de invariantes o depende del individuo, de parámetros de su funcionamiento cognitivo? ¿Qué relación mantiene ese inconsciente lógico-matemático con el inconsciente afectivo? Se sabe que Poincaré consideraba que la estética que presidía a las matemáticas era una circunstancia innata. Todas estas preguntas han sido poco abordadas en un contexto de aprendizaje. Papert y un equipo del MIT realizaron un experimento en relación con esas hipótesis y lo presentaron con el nombre de "pensamiento en voz alta" (1981, p. 245). Es interesante, pero parece difícil obtener resultados de él en un contexto primario de educación.

Volviendo a Piaget, evocábamos, en un capítulo anterior, la fuerte presencia del psicoanálisis en sus primeros trabajos. Una de las obras en que la teoría freudiana está más presente es sin lugar a dudas *La formation du symbole chez l'enfant*, cuya primera edición es de 1945.

Piaget relata el episodio del Congreso Internacional de Psicoanálisis de Berlín, en 1922, en el que habló sobre "El pensamiento simbólico y el pensamiento del niño". Observa que se trataba de un "pequeño estudio por el que Freud había accedido a interesarse" (FS, p. 180). No precisa el modo como se manifestó ese "interés". ¿Deber de lealtad de una parte o condescendencia de la otra? Persiste la ambigüedad.

Desde los años veinte, Piaget establece un paralelismo entre los pensamientos inducidos por ambas posturas teóricas. O bien "el gran caos del inconsciente" es el origen del pensamiento infantil y después del pensamiento lógico, o bien el pensamiento consciente se constituye primero en torno a las formas motrices y después a las representativas. Al margen se desarrollarían el juego, el sueño y, de modo más general, el simbolismo inconsciente. Distingue entonces el simbolismo consciente, el del niño que emplea un objeto de manera simbólica, pero consciente de su acción. Una pequeña caja de cartón empujada con mucho ruido simboliza una locomotora. En cambio, define como inconsciente el simbolismo cuyo sentido se le escapa al sujeto. Pone el ejemplo del niño celoso por el nacimiento de un hermanito y que juega con dos muñecas. Rechaza la más pequeña. Si el sujeto no entiende "que se trata del menor y de él mismo, diremos entonces que hay símbolo inconsciente" (FS, p. 180).

El paralelismo entre el método psicoanalítico y el epistemológico no termina con este trabajo, pues ha marcado otros textos. Se consultarán, entre otras, las páginas dedicadas a la introspección y a la conciencia en *Sagesses et illusions de la philosophie* (pp. 181-194). En el mismo texto, relata que hacia

1920 se sometió a análisis con un alumno de Freud, "para saber de qué estaba hablando" (SIP, p. 267). Véanse también las *Conversations*. . .: las relaciones con las tesis psicoanalíticas y el inconsciente se abordan en la octava entrevista (pp. 129-135). En ambos libros Piaget relata el instructivo episodio de su rapto. Su interpretación lo llevará a distanciarse claramente de la interpretación freudiana clásica. Los hechos son los siguientes. Cuando era bebé, a veces se quedaba en París con su abuela. Un día en que su nodriza lo paseaba en la carreola cerca de la glorieta de los Campos Elíseos fue víctima de un intento de rapto. El valor de la joven lo salvó; ella recibió algunas heridas superficiales. Unos 12 años más tarde los padres de Jean se enteraron de que la nodriza había inventado esa historia de cabo a rabo. Recién convertida, había decidido confesar la mentira y devolver la gratificación que le habían dado por "defender" al pequeño Jean. Así que todo ese asunto había sido una invención. En los dos libros que indicamos Piaget reconoce que ese falso recuerdo está tan arraigado que no lo puede modificar. Varias décadas después de enterarse del engaño revive mentalmente el rapto que nunca vivió. "Es un recuerdo muy dominante, que aún tengo. Puedo decirles en qué lugar de los Campos Elíseos ocurrió, y lo recuerdo todo visualmente" (CLP, p. 180). La reconstitución visual y su consecuente evocación no fueron alimentadas por un hecho visual, pues éste no ocurrió, sino a partir de la impregnación de un relato repetido. Esta historia evidencia la fuerza de las palabras en la constitución errónea de la memoria. Piaget da una interpretación que lo aproxima a Erikson y lo aleja de Freud. Para el primer psicoanalista, pasado y presente interactúan constantemente; éste se explica por aquél, el cual se reconstruye en función de éste. Para el "freudismo ortodoxo" sólo el pasado determina el comportamiento presente. El epistemólogo considera que esta explicación es reduccionista.

Piaget defiende el concepto de inconsciente cognitivo en una ponencia publicada en 1971. Sin embargo, desde 1945 se puede advertir una definición de la asimilación sensomotriz que anuncia los textos posteriores. "Cuando, en el terreno del pensamiento reflexivo e incluso del científico, se aborda una nueva cuestión al trasponer sin criticarlas las costumbres mentales y las nociones empleadas en otros campos, la asimilación permanece en buena medida inconsciente" (FS, p. 223).

En 1971 amplía este punto de vista al trazar un paralelo entre inconsciente afectivo e inconsciente cognitivo. Del mismo modo que Poincaré estimaba que el razonamiento matemático descansa en un aspecto lógico y un aspecto extralógico, Piaget considera que la estructura cognitiva no se reduce al pensamiento consciente, sino que hunde sus raíces en una "fuente inconsciente". Una parte determinante del trabajo de resolución de situaciones permanece fuera de toda conciencia, sobre todo cuando interviene el éxito. La conciencia, en efecto, atañe a los resultados obtenidos; sólo rara vez concierne a los mecanismos establecidos para elaborarlos. Piaget escribe: "a esos mecanismos, en tanto que estructuras y funcionamiento, los llamaremos globalmente el inconsciente cognitivo" (PPG, p. 11). Si se fracasa en la resolución del problema, se realizan pruebas de dilucidación y de reorganización de elementos a los que el sujeto, anteriormente, no prestaba una verdadera atención. Así, la acción y el éxito dependerían más del trabajo inconsciente, mientras que la comprensión sería más el resultado de esfuerzos por cobrar conciencia. Aparece una idea que será desarrollada por el epistemólogo en dos obras publicadas en 1974: *La prise de conscience* y *Réussir et comprendre*.

Por analogía con el inconsciente freudiano, él identifica una represión cognitiva. Se trata de un mecanismo inhibidor que evacua ciertos elementos conceptuales fuera del campo de conciencia del sujeto. El niño puede dar la impresión de que logra una acción, pero puede resultar incapaz de explicarla. El adulto piensa entonces que no entendió el acto que realizó. Piaget considera que esta interpretación no es la única. Propone otra: el niño entendió la esencia de lo que realizó, pero es una comprensión en acto y no interiorizada. Explica esto por medio de la contradicción que aparece entre el nuevo esquema utilizado para el acto y la organización de esquemas construidos con anterioridad, que dicho esquema contradice. El conflicto cognitivo se enfrenta a grandes dificultades para hallar una solución positiva. En este caso, hay un parentesco con la represión afectiva. El niño, en la situación evocada, "apartó la toma de conciencia del esquema, es decir que reprimió el esquema del campo de la conciencia antes de penetrar en él bajo una forma conceptualizada" (PPG, p. 15).

Si conservamos esta hipótesis, podemos notar la actualidad permanente de tales procedimientos en el aula. Un problema hallado con frecuencia es el de la comprensión aparente a corto plazo: lo que en apariencia se entendió un día, parece haberse olvidado al día siguiente. Piaget explica entonces que ciertos esquemas se entienden a través de actos, pero que no son interiorizados. Una de las causas de la no interiorización puede resultar del hecho de que un esquema cognitivo entre en contradicción masiva con la organización mental, al grado de ser reprimido fuera del "sistema de los conceptos inconscientes". El conflicto es demasiado importante como para que se efectúe el acomodo. Ejemplificaremos esto con un caso sencillo. A partir del ciclo 2 el alumno identifica la letra "s" final, localizada por escrito, como indicadora de un plural. En el ciclo 3, según las leyes de la morfosintaxis verbal, la "s" final del verbo corresponde a una persona del singular. La contradicción que se crea en ciertos alumnos acerca de ambos estatutos de la letra "s" final es tal que plantea problemas sin solución en ortografía. Se entiende que los ejercicios de repetición y de apoyo probablemente no sean los más aptos para aportar una solución pertinente a lo que depende de la represión inconsciente. Esta cuestión ha sido muy estudiada fuera del contexto escolar. Se encuentra una síntesis de ella en Engel (pp. 306-322), quien habla de razonamiento afectado por "túneles mentales" que forman el inconsciente cognitivo, ese "islote estable de irracionalidad que actúa en el pensamiento cotidiano" (1996, p. 308). Evoca, a modo de ilustración, los paralogismos de la conjunción. Partiendo del principio de que la conjunción de dos acontecimientos se realiza según una probabilidad menor que un solo acontecimiento, las pruebas realizadas muestran que la mayoría de los adultos se equivoca ante este tipo de situaciones.

Cometer inferencias erróneas, perder el razonamiento en los "túneles mentales" del inconsciente cognitivo, son hechos que se encuentran nuevamente en actividades de aspecto anodino, como la comprensión de un texto. He aquí un ejercicio que proponemos a alumnos de fin del ciclo 3, pero también a estudiantes de IUFM. Para los primeros la discusión en torno a los trabajos sigue una fase de búsqueda individual. En cambio, los segundos trabajan individualmente en un tiempo limitado. El objetivo, en ambos casos, es el mismo. Se trata de leer el texto (varias veces si es necesario) y de responder a las propuestas, cada una de las cuales puede ser cierta, falsa o imposible de determinar. El texto está tomado del libro *Jouer à raisonner* de Dumont y Schuster (1988, p. 73).

¿Quién mató al espía?

Nuestro espía tiene un lamentable accidente de trabajo. Su cuerpo fue descubierto esta mañana en un parque. No cabe duda de que fue asesinado. De inmediato, el inspector Lapreuve detiene en el lugar de los hechos a dos espías conocidos que viven cerca de ese parque. Después de haber interrogado a todos los sospechosos, Lapreuve declaró inocente a Léopold Van Deboutt (apodado el Suizo) quien se encontraba en la embajada de Liechtenstein en el presunto momento del homicidio.

	VERDA-DERO	FALSO	?
1 Asesinaron a un espía			
2 El asesinato ocurrió en un parque			
3 Tres sospechosos viven cerca del lugar del crimen			
4 Léopold es un espía			
5 Lapreuve detuvo a tres sospechosos			
6 Léopold es suizo			
7 Léopold fue declarado inocente			
8 Lapreuve sabe quién mató al espía			
9 Todos los sospechosos fueron interrogados			
10 El espía era chino			

Los autores analizan los errores cometidos en este tipo de ejercicios como resultado de la influencia de la imaginación en el modo de razonar. Se concibe el texto con vacíos semánticos llenados por la imaginación. La reconstrucción depende del inconsciente. Los vínculos lógicos son difíciles de establecer de inmediato, por lo que se establecen otros mecanismos que producen respuestas a menudo falsas. Para el lector tentado por el ejercicio: las propuestas 1, 7, 9 son verdaderas; la 5 es falsa; las demás no se pueden determinar.

Es posible preguntarse si la irrupción del inconsciente cognitivo ocurre con mayor frecuencia que la prevista. La tipicalidad, de la que habla Jean-François Richard (1990, p. 62 y ss) quizá podría alimentar al inconsciente. La imposición de una noción fuerte haría difícil una construcción vecina que pondría a la primera en tela de juicio. La adquisición de la nueva noción se desenvuelve normalmente, pero las aplicaciones a mediano y largo plazo son decepcionantes. Así se puede explicar la dificultad que tienen muchos alumnos para fijar la función de atributo, al ser tan imponente el concepto de complemento de objeto directo.

Los ejemplos de este tipo son muy conocidos por los maestros. Así, para multiplicar por diez un número entero, todo alumno sabe que basta añadir un cero a la derecha del número. En cambio, debido a una especie de anclaje a la regla anterior, a los alumnos se les dificulta mucho la multiplicación de un número decimal por diez. El éxito de las aplicaciones inmediatas puede ser conforme a lo esperado, pero la transferencia a largo plazo es menos segura. He aquí otro ejemplo, tomado de la práctica de la lectura: un alumno que descubre un texto nuevo leerá la palabra *Bolchoi* [*Bolchuá* en francés] en lugar de *Bolchoi*. Se dirige espontáneamente hacia el sonido que conoce, pese a una grafía ligeramente distinta por la ausencia de diéresis. Parece que en caso de duda se descompone la palabra, se silabea, para que se descifre correctamente. ¿Bastará eso para que se la entienda? Si hay duda, parece fácil recurrir de inmediato a un sonido conocido, sin que preocupe la pertinencia sonora. La producción se referiría a una reserva de palabras y de sonidos conocidos; todo razonamiento lógico se excluiría de este proceso.

Otra conducta didáctica que puede alimentar el inconsciente es la que consiste en ignorar la cara oculta del conocimiento, que es la exclusión. En el terreno cognitivo es mucho más fácil percibir lo que es que lo que no es. Incluso en una situación descontextualizada (círculo negro sobre fondo blanco), la persona interrogada "ve" la figura geométrica y no la superficie plana agujereada que constituye el fondo y rodea al círculo. El adulto, lo mismo que el niño, tiene dificultades para visualizar, para imaginar lo que proviene de la carencia y de la exclusión. Lo esencial de nuestros referentes culturales en términos de aprendizaje procede por integración aditiva y elimina la exclusión. Por ese motivo es muy difícil entender la operación matemática que consiste en quitar y en excluir: la resta. Es muy difícil y por lo tanto genera fracaso, como el mundo de la escritura, tan distinto del mundo oral. Leer es ser capaz de excluir un número considerable de signos que, sin embargo, son y deben ser trazados.* Una forma de tratar de impedir este tipo de cristalización que obstaculiza el razonamiento lógico consiste en acostumbrarse a nombrar, no sólo lo que es, sino también lo que no es. En el ciclo 2 es posible nombrar a los alumnos que comen en el refectorio, pero también a los que comen en otra parte; nombrar los días de la semana que quedan antes del domingo, pero también nombrar los que han transcurrido. Recordar, durante el día, las actividades que quedan y las que ya se realizaron. Comunicar por la mañana las actividades específicas del día y las que no forman parte de él, etc.; en el ciclo 3, durante una salida, considerar los distintos itinerarios posibles, que no se elegirán; dar un trabajo que comprenda tres ejercicios y pedir que sólo se realicen dos, a elegir; proponer a los alumnos varios poemas y pedirles que sólo memoricen uno. Como complemento, es interesante permitirles que verbalicen sus elecciones.

Todas estas actividades sencillas y cotidianas activan esquemas a menudo poco requeridos y ofrecen la oportunidad de cobrar conciencia de los métodos aplicados para aprender.

---

* Recuérdese que el autor está hablando de casos usuales dada la ortografía francesa. [E.]

La disfunción cognitiva y la remediación

La constatación del fracaso, que traduce dificultades crecientes para muchos alumnos, es empleada cada vez con mayor frecuencia por los profesores. No es posible reducir todas las dificultades a una causa única o a una serie de razones idénticas. Ahora bien, parece que los diagnósticos evacuan con frecuencia toda una parte de las posibles fuentes, la que está ligada a los problemas y a los retrasos en el desarrollo de las operaciones cognitivas. Se olvidan las dificultades resultantes de las disfunciones de cognición en provecho de interpretaciones centradas en otros terrenos de la personalidad, a veces justificadas, a veces poco convincentes. "Sin pretender que siempre sea así, no por ello es menos pertinente preguntarse si la investigación psicológica, tratándose al menos de problemas escolares, no debería empezar por el acercamiento cognitivo" (Dollé, 1989, p. 155).

La teoría de Piaget consiste en entender cómo se construye el conocimiento en el contexto de la interacción individuo-medio. La elaboración del proceso cognitivo se funda en la organización de estructuras mentales gracias a esquemas cada vez más perfeccionados y al desarrollo de la abstracción reflexionante. La psicóloga Zélia Ramozzi-Chiarottino piensa, en consecuencia, que "los niños *incapaces* de aprender, de conocer o de darle sentido a las cosas, deben presentar, hipotéticamente, algunas deficiencias en algunos de los 'elementos' o en algunos de los momentos que forman el proceso cognitivo" (1989, p. 128). La autora se dedicó sobre todo a la reducación de niños en situación de fracaso con diversos grados de deficiencia. Su acción se articula alrededor de tres puntos: la definición del fracaso en la visión constructivista, el diagnóstico y la tipología de los niños en cuestión, y las modalidades de reducación aplicables en el contexto escolar.

Piaget considera que el desarrollo de los conocimientos se efectúa en varias etapas caracterizadas por el equilibramiento y la reconstrucción de lo real. En esta perspectiva, ¿presentan los alumnos con algún fracaso una construcción que siga un proceso regular? ¿No manifiestan los alumnos que fracasaron una falta de armonía en la construcción de lo real, ya sea porque lo real no esté construido, ya porque no está construido de modo estable? Recordemos que lo real es el mundo exterior estructurado por el niño gracias a sus esquemas de acción. En el caso de que no haya construcción operativa, guiar resulta muy laborioso y depende de personal muy especializado. En el segundo caso puede tratarse de niños que construyen lo real bajo el mero ángulo figurativo. Su conocimiento se funda en la percepción y se apega al objeto de modo pasivo o superficial. No desencadenan los métodos operativos que permiten, mediante la abstracción reflexionante, construir por completo el objeto. Esos niños permanecen apegados a los atributos no esenciales. Jean-Marie Dollé, en su prefacio al libro de Ramozzi-Chiarottino, escribe que "la hipótesis de no construcción de lo real o de una construcción de lo real inacabada, acompañada por esa observación de la preponderancia de los procedimientos figurativos en relación con los procedimientos operativos, proporciona la capacidad de ubicar la zona de los déficit después del diagnóstico" (1989, p. 15). El papel de la reducación, una vez efectuado el diagnóstico, consiste en poner al niño en situación activa para construir o reconstruir los esquemas deficientes.

No todos los niños presentan las mismas confusiones. Ramozzi-Chiarottino establece una tipología que distingue tres grupos y que no se debe considerar como un etiquetamiento definitivo. El pronóstico de modificabilidad y de evolución individual preside el procedimiento de la psicóloga brasileña.

La primera categoría abarca a los niños que no tuvieron la posibilidad de actuar sobre la realidad, principalmente por su medio social. En este grupo Ramozzi ordena primero a numerosos niños pequeños de las ciudades perdidas. También menciona casos extremos, totalmente opuestos, de niños de la alta sociedad a los que se les impidió actuar sobre el medio por exceso de cuidados y de sobreprotección. Sin embargo, ellos no son los que reciben la mayor atención de la psicóloga. Los niños de las ciudades perdidas no construyeron duraderamente ni las operaciones infralógicas ni las operaciones lógico-matemáticas. Además, sabemos que el lenguaje se desarrolla junto con la función de representación, que nombra a los objetos en su realidad, y que también se refiere a las acciones pasadas y a los posibles futuros. En el contexto en el que viven esos niños, el de representaciones desorganizadas, el lenguaje mismo es deficiente. "Estoy convencida [. . .] de que el retraso de lenguaje se deriva de la ausencia de estructuración de lo real [. . .] por la falta de coordinación de los esquemas secundarios" (*op. cit.*, p. 145). Las confusiones de lenguaje son numerosas. Se repiten en el terreno escrito, a lo largo de la eventual escolarización. Ramozzi-Chiarottino observa que la producción de frases permanece en el registro más simple. Tiene escasos rastros de intención o de objetivo, así como de relación prelógica o de coordinación. Revela los esquemas más simples, los que se refieren a las funciones elementales de la vida o de la sobrevivencia.

La segunda categoría abarca a los niños que no organizan bien lo real. Es muy frecuente que la realidad sea confundida con su representación. La representación es lo que constituye el fundamento de lo que es real para ellos. Ramozzi-Chiarottino da el ejemplo de un niño para el cual el rinoceronte del zoológico no es de verdad. Cuando la psicóloga lo interroga, explica que no se parece a los que se ven habitualmente en las historietas. Un ejemplo más cercano: los niños que dibujan una figura cuadrada empanizada como respuesta a la pregunta: ¿qué es un pescado? O los niños para los que el pollo está descabezado y envuelto en plástico. Al no haber confrontación con la realidad, lo único real elaborado es la representación. En esas condiciones el tiempo, el espacio y la causalidad carecen de puntos de referencia: "Sus nociones espacio-temporales y causales se confunden con la imaginación" (*ibidem*, p. 147). Una característica de esos alumnos es que en ciertas situaciones de aprendizaje pueden dar la impresión de que las dominan.

En el terreno de la instrumentalidad, un alumno que forma parte de ese grupo es perfectamente capaz de lograr ejercicios de impregnación. Imaginemos que la tarea consiste en completar con las grafías correctas, en una serie de frases, las palabras *à* y *a*.* Con frecuencia está asegurado un resultado correcto. La organización operativa deficiente aparece cuando

---

* En un caso se trata de una preposición, en el otro de una conjugación del verbo tener.

el niño se enfrenta a la realidad de la escritura y le piden que redacte un texto. Los errores entre las grafías *à* y *a* se multiplican, sin que eso tenga mucha importancia para el alumno. El trabajo de impregnación preparatoria se aplicaba, no a la realidad ni a lo auténtico, sino a una situación que representaba la realidad de manera artificial. Aparece una gran dificultad para transferir un esquema sin raíces auténticas. El alumno elabora nociones sobre representaciones ficticias "pero no transfiere sus conocimientos sobre lo real, y permanece como un *minusválido* en el nivel de la realidad" (*ibidem*, p. 148). Para la psicóloga brasileña ese niño domina la capacidad de hablar, de representar y de operar, pero sin estructura de conjunto. Esta disfunción puede continuar mientras "la abstracción reflejante, a partir de sus acciones, no haya construido sus representaciones del mundo y su experiencia vivida" (*ibidem*, p. 149).

La tercera categoría abarca a los niños con una organización de lo real correcta, pero demasiado arraigada en el presente. A diferencia del grupo anterior, estructuran sólidamente lo real. Sin embargo, se encuentran en situación de fracaso durante su escolaridad. Su problema de aprendizaje parece deberse a una dificultad doble: por una parte la de evocar, por otra la de proyectarse. Les cuesta trabajo imaginarse situaciones distintas de las que viven en el momento. Las hipótesis propuestas por Ramozzi-Chiarottino se refieren a la falta de estimulación. El entorno no aparece como una motivación suficiente para esos niños a fin de que logren definir un proyecto. Sus acciones se orientan más hacia el logro inmediato que hacia el conocimiento más profundo, es decir, la auténtica comprensión. Estos alumnos son capaces de actuar y de representar correctamente la realidad, pero carecen de energía, en forma de motivación, de estimulación. Esta carencia dificulta cualquier descripción de las acciones en el tiempo y en el espacio. La mala elaboración de las operaciones infralógicas acarrea una ausencia de armonía en la construcción de las operaciones lógico-matemáticas. El razonamiento, poco solicitado en sus componentes inferenciales, pues está demasiado anclado en el presente, puede conformarse con formas elementales de inferencia, como la transducción. Esta constatación remite de nuevo a una realidad social a la que se enfrenta la escuela. El círculo familiar aparece cada vez menos como un referente integrador para el niño. Las familias se enfrentan con nuevas dificultades, pero difícilmente formulan proyectos para el porvenir. Cuando el pasado está marcado por el fracaso, el porvenir no tiene mucho sentido. El papel de la escuela es aún más importante que antaño. Para esos alumnos es el primer terreno en el que se construyen los conceptos, en el que se reconstruye lo real; es el lugar en que lo cotidiano se entiende a través del pasado y cobra sentido gracias a los proyectos.

La remediación se entiende de varias maneras. En primer lugar, en el marco del aula, está la relación didáctica cotidiana establecida por el profesor. A lo largo de los capítulos anteriores hemos indicado algunos elementos que participan en ese proyecto. Las partes que siguen, referidas al espacio, al tiempo y a la lógica, exploran otras pistas que pueden inspirar la práctica. En los próximos párrafos indicamos cómo opera la profesora Ramozzi-Chiarottino. El marco de su acción es propio de un contexto y debe adaptarse. Además, ella tiene mucha experiencia con la teoría piagetiana, condición inicial para los que deseen trabajar con esa visión. No olvidemos, finalmente, que la acompaña un equipo de especialistas en reducación. Sin embargo, sus ideas resultan todavía germinativas para los que estudian la remediación.

Los niños con enormes dificultades pertenecen al primer grupo considerado. Su fracaso es masivo, ya que incluso su producción verbal carece de estructura. Ramozzi-Chiarottino precisa que debe establecerse una terapia específica, pues el caso de esos alumnos difícilmente se puede manejar en el contexto del aula. El reducador debe ayudar al niño a reconstruir los esquemas motores elementales, y organizarlos después para considerar una elaboración sólida de lo real a partir de la realidad más inmediata. "Para que un niño entienda lo que es una flor, ella [la psicóloga del centro] lo lleva a un jardín, le enseña a ablandar la tierra, le hace sembrar la semilla para esperar a que la planta nazca y a que la flor crezca" (*ibidem*, p. 152).

Para los niños de la segunda categoría el problema se plantea de modo menos masivo. Se trata de niños que, con mucha frecuencia, no han construido los esquemas a partir de la realidad. Es importante entonces encontrar de nuevo el medio natural para vivir una experiencia concreta y cognitivamente duradera. En Francia, en el marco del aula se piensa en el provecho de cultivar plantas o de realizar criaderos sencillos. La manipulación de elementos naturales y vivos preside esas actividades. El terreno de lo concreto prepara la conquista de la abstracción. En el mismo sentido, y para no anclar la actividad en el mero terreno motor, la realidad se traduce también en el intercambio y en la comunicación. Pensemos en el establecimiento de un aula cooperativa que responsabilice al alumno. En relación con las actividades del lenguaje, pensamos en la correspondencia escolar que autentifica lo escrito. En lo que toca a la medición, es posible manejar una cadena de agrimensor o una cinta métrica previamente fabricada. Lo que predomina en esta remediación es el inicio concreto de la actividad. "A partir de la observación y de la experimentación, se le puede pedir al niño que relate lo que vio y lo que hizo, para que cada vez represente más lo real al subordinar la organización de las representaciones a su experiencia" (*ibidem*, pp. 156-157).

Los alumnos del tercer grupo construyeron lo real arraigándolo demasiado en el presente. Es importante entonces ayudar al niño a pasar de la acción inscrita en lo inmediato a la operación inscrita en el tiempo.

Al maestro le corresponde proponer una pedagogía que facilite el pensamiento argumentativo y deductivo, sin conformarse con la comodidad del aquí y el ahora, de la sentencia afirmativa. Requiere una dimensión teleonómica que fije finalidades e indique direcciones. Concretamente, sobre un panel o un pizarrón en el aula, los alumnos pueden anotar la lista de las actividades que se realizarán durante el día. Del mismo modo, cuando se inicia una actividad particularmente compleja, parece necesario anotar las finalidades con las que hay que cumplir y los métodos considerados. El soporte visual favorecerá la evocación. Por la tarde, antes de concluir las clases, se pueden aprovechar unos minutos para recordar el desarrollo anterior y dejar que los alumnos verbalicen lo que les llamó la atención. Ramozzi-Chiarottino insiste en este aspecto que concierne a cada alumno por separado: "Recordar, traer el pasado al presente. No un pasado lejano, sino un pasado reciente. Recordar lo que realizó hoy, después lo que hizo ayer, y así sucesivamente. Con la evocación se inicia en la estructuración de las representaciones" (*ibidem*, p. 161).

De manera más general, el trabajo en talleres permite reunir temporalmente a los alumnos con necesidades o recursos cuya expresión no permite el grupo más grande. La clase, en ciertas secuencias, se maneja de modo grupal: un taller de lectura con sección informática, un taller de escritura que permita producciones originales, un taller de matemáticas para la confección de operaciones, etc. En situación individual, cuando las condiciones se prestan, el profesor puede emplear el método clínico de Piaget que presentamos antes.

Concluyamos precisando que los psicólogos constructivistas han establecido series de ejercicios propuestos a los niños que reciben en su consulta. Jean-Marie Dollé indica, en el anexo de su libro *Ces enfants qui n'apprennent pas* (pp. 159-177), una serie de pruebas extraídas de situaciones propuestas por Piaget y sus colaboradores. Dichas situaciones tratan los puntos que siguen:

Evaluación de las operaciones concretas:
    operaciones lógicas (clasificaciones, inclusión, correspondencias. . .)
    operaciones infralógicas (conservaciones físicas y espaciales)
Evaluación de las operaciones formales: nociones de casualidad y de probabilidades (combinaciones, permutaciones. . .)
Evaluación de la imagen mental:
    reproducción cinética (traslación de cuadrados)
    anticipación cinética

Estos ejercicios se complementan con muchos otros que apelan a terrenos más específicos. No se trata de pruebas normativas. Las situaciones permiten proponer al niño, una vez identificadas las dificultades, la reconstrucción de operaciones deficientes. Jean-Marie Dollé resume esta ambición:

En el método remediativo, como en la vida, el niño aprenderá a conocer, es decir a descubrir, explorar y manipular, para entender y explicar. Pues aprender equivale a interiorizar nuevos elementos, a apropiárselos y ordenarlos según leyes y principios observados y comprobados durante la acción [1989, p. 127].

La construcción del tiempo y del espacio

Las operaciones infralógicas tratan sobre el conocimiento de los objetos, sobre el conocimiento del mundo en sus aspectos de causalidad, de representación del espacio y del tiempo. Estos puntos de referencia son categorías de pensamiento fundamentales que se construyen a partir de abstracciones simples. De manera complementaria, existen las operaciones lógico-matemáticas fundadas en la abstracción reflejante.

El docente se percata de que la escuela debe producir incesantemente tiempo y espacio estructurantes. Tan sólo en el campo del espacio los textos piagetianos han permitido establecer que, al revés de una práctica escolar mantenida durante largas décadas, el niño descubre primero estructuras topológicas sobre las cuales se construyen simultáneamente las estructuras proyectivas y euclidianas. La incidencia en los ciclos 2 y 3 se refiere a las actividades espaciales referentes a las relaciones topológicas (pensamos en la lateralidad), a la perspectiva (según los puntos de vista), a la noción de verticalidad. De manera idéntica conviene prestar atención a las situaciones constructoras de tiempo (tiempo y movimiento, tiempo físico, tiempo vivido) a través de procedimientos diversificados: sensorial, de lenguaje, escrito, gráfico.

El tiempo

Construcción
"El tiempo aparece como solidario de toda construcción del universo. Las cuatro grandes categorías de pensamiento que resultan del ejercicio de las operaciones infralógicas o espacio-temporales constituyen, en efecto, un todo indisociable: el

objeto (o sustancia) y el espacio, la causalidad y el tiempo" (NT, p. 83). Bastante semejante al desarrollo del espacio, la construcción del tiempo en el niño pasa por varias fases. Primero, existe una indiferenciación general que prepara poco a poco las distinciones específicas. Poco capaz de discriminar en un principio, el niño establece una diferencia entre duración del desplazamiento y espacio recorrido. Después, es capaz de efectuar seriaciones temporales. Hay un ejemplo de esto en la historia relatada por medio de varias imágenes mezcladas, cuyo orden cronológico hay que restablecer. Sin embargo, la evolución permanece segmentaria. En el periodo de las operaciones concretas, y particularmente hacia los 8-9 años, esos elementos, construidos por separado, empiezan a coordinarse en estructuras de conjunto. Uno se percata de que la construcción del tiempo sigue un recorrido ya definido en los demás sectores cognitivos estudiados. Las condiciones necesarias están ligadas con la acción que rebasa la observación exterior o la recepción pasiva de informaciones. Se conocen las etapas: de la indiferenciación a la construcción de elementos significantes; de los elementos separados a su coordinación; del sustrato concreto a la interiorización; del anclaje en una sola forma al descubrimiento de las múltiples posibilidades.

Dominar lo real depende de la construcción mediante la interacción, individual o social, con el medio. Toda construcción se inscribe en una temporalidad. Construir lo real significa construir el tiempo de la acción sobre lo real. La conciencia de la construcción supone su inscripción en un proyecto, es decir una intencionalidad expresada en una duración. Durante mucho tiempo la escuela se inscribió en el proyecto de la sociedad: formar ciudadanos integrados al cuerpo social por medio del empleo. Hoy en día la realidad económica se ha modificado. ¿Para qué —se preguntan muchos alumnos— asistir a una escuela que ya no parece adecuarse a su primera misión, la de preparar para el empleo? En estas condiciones, ¿qué nuevo sentido puede cobrar la escuela? No nos corresponde resolver estas preguntas, sino considerar que no dejan de incidir en los contenidos y en las modalidades de la enseñanza. ¿Qué significa la palabra "pro-

CUADRO III.2. *La construcción del tiempo en el niño*

	Tiempos y movimientos		
Algunas referencias	*Orden de los acontecimientos*	*Estimación y medida de las duraciones*	
Nivel I: (de los 2 a los 6 años) *Intuición inmediata* Las intuiciones iniciales se centran en un terreno privilegiado. Este centramiento es el egocentrismo del pensamiento	A esta edad es difícil reconstituir un orden de sucesión, ya que la percepción de una sucesión no es lo mismo que una sucesión de percepciones	La abstracción de la duración está ausente. Tampoco hay coordinación entre el orden de los acontecimientos y la estimación de la duración. La duración más larga de un movimiento no se reconoce por el hecho de que se termine "después" de aquel con el que se le compara	
Nivel II: (de los 6 a los 9 años) *Intuición articulada* Las distintas relaciones centradas se corrigen unas a otras en función de las contradicciones que acarrean: se "descentran" mediante regulaciones intuitivas	En este nivel aparece la intuición articulada de la sucesión temporal. Sin embargo, permanece la incapacidad de descomponer el orden intuitivo en un sistema operativo de regulaciones de simultaneidad y de sucesión	Hay intuición de la duración, pero la coordinación operativa está ausente. La acción se vuelve reversible, pero la intuición aún "realiza" el tiempo en vez de construir su estructura	

Nivel III: (de los 9 a los 10 años)
Etapa operativa

La operación, es decir la acción reversible, no aparece *ex nihilo* durante el desarrollo mental. Es la forma de equilibrio de una larga evolución	Es el periodo de las construcciones (que se vuelven estables) de la sucesión y de la simultaneidad. Esto corresponde al segundo nivel de las operaciones concretas: 9-10 años	Se establece la coordinación de la duración y del orden de sucesión. Este periodo se prolonga con la conclusión de un tiempo operativo a la vez cualitativo y métrico, que corresponde a las operaciones formales

CUADRO III.2. *(Continuación)*

	Tiempo físico	Tiempo vivido	Orientación en el tiempo
	Habilidad en el uso de un instrumento de medición del tiempo	Noción de edad, de fecha de nacimiento, de comparaciones	Campos de las habilidades prácticas en el tiempo convencional
Nivel I: (de los 2 a los 6 años) *Intuición inmediata*	El niño no puede utilizar el reloj de pared o el de arena, pues piensa que sus velocidades varían según las de los movimientos o las de las acciones cuya duración hay que medir	Es el periodo del egocentrismo temporal. El tiempo, para el niño, sólo empieza con su propia memoria. Así, antes de su propio nacimiento, no existen para él ni hermanos mayores ni padres. La edad se resume en el tamaño: ¡envejecer es crecer!	Reconocimiento progresivo de un día privilegiado de la semana Diferenciación de la mañana y de la tarde Empleo, que se estabiliza poco a poco, del vocabulario simple: ayer/mañana
Nivel II: (de los 6 a los 9 años) *Intuición articulada*	El niño aún no sabe utilizar racionalmente los instrumentos de medición, pues incluso si les atribuye velocidades constantes es incapaz de sincronizar sus	Se observan dos conductas diferentes: conservación de las diferencias de edad, pero con dificultad para establecer un orden correcto de la sucesión de los nacimientos; intuición	Indicación del día de la semana Indicación del mes Indicación de la estación y del año Indicación del día del mes

	movimientos con los que hay que comparar	articulada del orden de los nacimientos, pero sin conservación de la correspondencia en cuanto a las edades futuras	
Nivel III: (9-10 años) *Etapa operativa* Caracterizada por el establecimiento de las condiciones de medición del tiempo [149]	1) El reloj tiene una velocidad constante y puede indicar tiempos sucesivos iguales 2) El tiempo del reloj es idéntico al de los movimientos o acciones a cronometrar 3) El espacio recorrido por la aguja puede dividirse en unidades susceptibles de aplicación para toda clase de medidas	Etapa caracterizada por la coordinación entre el orden de sucesión de los nacimientos y la imbricación de las edades, con la conservación exacta de las diferencias	Hacia los 11/12 años. Estimación de las duraciones (capacidad de dar la hora con 15 minutos de diferencia)

CUADRO III.2. (*Continuación*)

Elementos de las directivas oficiales de 1995	Aptitudes	Programas
Nivel I: (de los 2 a los 6 años) *Intuición inmediata* CICLO 1	Situarse en el tiempo cercano (tiempo presente, día, semana) y empezar a localizar diferentes desarrollos cronológicos Expresar el tiempo con un vocabulario apropiado	**Establecimiento** de las referencias temporales en actividades físicas, gráficas o de lenguaje, que facilitan: la toma de conciencia de la oposición presente/pasado la toma de conciencia del futuro como espera el ajuste del vocabulario específico: hoy, ayer, mañana, antes, después. . . **Observación** de fenómenos que sirven de referencias: el día/la noche, las estaciones Comparación de las duraciones, etcétera
Nivel II: (de los 6 a los 9 años) *Intuición articulada* CICLO 2	Situarse en relación con un pasado y un futuro más lejanos Conocer los ritmos del año: diferencia año civil/escolar, las estaciones. . .	**Idioma francés:** elementos de morfosintaxis verbal lo escrito como expresión del presente, del pasado. . . **Descubrimiento del mundo:** la cría de animales familiares, las germinaciones la modificación del medio según las estaciones los ritmos naturales y la medida social del tiempo la vida cotidiana y la evocación de modos de vida

[150]

Nivel III:

(9-10 años):

Etapa operativa

CICLO 3

Diferenciar el tiempo lineal (cronológico) y el tiempo cíclico (días, meses, estaciones. . .)
Organizar el tiempo propio
Hacer que correspondan ambos conceptos, el tiempo y el espacio (por ejemplo, el tiempo para recorrer una distancia dada)

más antiguos
Educación artística:
las etapas de la realización, el proyecto
Educación física y deportiva:
nociones de duración, de velocidad, tiempo propio y compartido

Idioma francés:
mejorar una producción escrita, un trabajo que se inscribe en el instante pero también en la duración
la comprensión y el uso de los diversos tiempos
Ciencias:
el desarrollo de un ser humano
el acercamiento a la duración a través de una noción como la educación de la salud
medida del tiempo, unidades, principos y métodos
Historia:
construcción de una cronología y de referencias esenciales
encadenamiento y sucesión de periodos
Educación artística:
actividades cantadas y bailadas: diferencia entre la regularidad (pulsaciones) y los ritmos básicos
Educación física y deportiva:
anticipaciones y consecuencias en actividades físicas, individuales y colectivas.

yecto" en una perspectiva tan bloqueada? ¿Qué relación con el tiempo construye el niño, pues este componente infralógico ya no tiene el mismo sentido según que el individuo trabaje o no?

En cierto modo, el tiempo está desestructurado. Cada vez expresa menos la duración. Por el contrario, designa un momento, señala un instante. Ancla en el hoy sin dar perspectivas. El tiempo de los relojes y de los despertadores que permiten visualizar las duraciones ha cedido su lugar a los indicadores de los magnetoscopios y de los relojes de cuarzo que marcan el momento presente.

Nos parece que ese nuevo modo se sitúa más del lado del consumo, para retomar la distinción del funcionamiento cognitivo dada por Gouzien y Lerbet. El momento indicado es padecido, pues no ofrece una perspectiva visual. En numerosos niños esta falta de realidad visual puede acarrear una falta de perspectiva real. Cancela el pasado lo mismo que el futuro. Interiorizar una duración resulta entonces un proceso muy difícil de elaborar. Por el otro lado, el tiempo que marca las duraciones permite visualizar y luego construir, a través de la interiorización, el pasado y el tiempo por venir. Facilita la producción de posibilidades.

Estas hipótesis emitidas rápidamente requieren ser problematizadas. Sería interesante estudiar en qué medida esos cambios de concepción inducen cambios internos, mentales, en el niño. También sería interesante estudiar las repercusiones en lo que se refiere al aprendizaje.

A falta de seguir esas nuevas pistas, que nos alejarían de nuestro propósito inicial, conviene entender cómo, en una perspectiva epistemológica, se construye el tiempo en el niño a través de sus diversos aspectos. También consideramos los elementos que facilitan su construcción en los programas oficiales de la escuela primaria. Proponemos, ya que nos parece preferible a un largo desarrollo, un conjunto de cuadros de síntesis entre tiempo y movimiento, tiempo físico, tiempo vivido, y orientaciones diversas. Paralelamente, mencionamos los elementos de los programas y de las aptitudes en relación con los distintos aspectos temporales.

Consecuencias prácticas

El lector se percata (pero esto no es una revelación) de que el tiempo es un concepto interdisciplinario. Se encuentra con diferentes formas tanto en historia como en expresión escrita o en actividades físicas y deportivas. Proponer un aprendizaje que dependa de una concepción constructivista presupone todos los elementos previos que evocamos anteriormente. Recordemos algunos de los más importantes: informar acerca de las finalidades y los métodos adoptados, ir más allá de la observación, proponer situaciones de interacción con el medio, alentar el intercambio entre los alumnos, admitir el error como indicador pertinente de la operación mental en curso. En este orden de ideas, proponemos algunas pistas que se pueden considerar fácilmente para diferentes niveles de la enseñanza primaria.

En el ciclo 2. Los calendarios empleados en clase pueden tener varias formas para no limitarse a lo típico, cuyos efectos son perversos. Es necesario que los alumnos los manejen a diario.

Paralelamente, puede haber una agenda del aula, bajo la forma de un conjunto de carteles. Parece convenir la forma que reserva una página a cada semana, y sobre la cual se anota un acontecimiento al día. De modo individual, le permite al alumno orientarse con facilidad. Colectivamente también es pertinente, porque permite vivir la estructuración del tiempo como la construcción de una plataforma cultural común.

A manera de complemento, cada niño puede llevar una agenda individual y/o familiar. Facilita el vínculo entre la escuela y la casa. Recuerda permanentemente la pertenencia del niño a una familia, a una fratría. Es posible imaginar algunas actividades que consisten en pedirle al niño que se dibuje a sí mismo a intervalos regulares, pero también que se dibuje tal como se imagina más tarde, como adulto. Proyectarse es un modo de dominar el tiempo.

Asimismo, situarse en una filiación permite construir la operación de reversibilidad. "Ser hijo de" implica la relación inversa "ser padre de". Estaremos de acuerdo en que se necesita ser prudente para proponer un ejercicio de este tipo, delicado desde el punto de vista social, habida cuenta de las diferentes situaciones que existen entre los alumnos en una misma aula. A esto se añade una dificultad lógica, pues la reversibilidad relacionada en este contexto sólo se construye de manera lenta.

En el ciclo 3. Lo formulado antes puede, naturalmente, retomarse y desarrollarse. Los alumnos, al dominar mejor los elementos del lenguaje, pueden llevar un diario. Más allá del simple cuaderno íntimo, puede ser una incitación para formular proyectos a mediano plazo. Uno o dos meses más tarde el alumno retomará su escrito para recapitular su proyecto. Semejante trabajo contribuye a la elaboración de las ideas de objetivo, de proyecto, de evaluación.

Un último punto: cualquiera que sea el nivel del aula, nos parece importante que haya un reloj de pared con agujas a la vista de todos. Antes de cada ejercicio es útil que el profesor indique su duración. La visualización y la verbalización de las duraciones nos parecen indispensables para la construcción del tiempo.

El espacio

En el libro de sus conversaciones con Jean-Claude Bringuier (CLP) Piaget presenta ciertos aspectos de su teoría en términos sencillos. Acerca del espacio, observa que la primera etapa de construcción se refiere a las relaciones intrafigurales, "es decir las relaciones internas de la figura" (CLP, p. 143). Precisa, en el mismo fragmento, que los objetivos de Euclides siempre fueron los mismos. Sigue después una etapa de relaciones interfigurales, que define como las coordenadas cartesianas. Viene finalmente la tercera etapa, la de la algebrización de los elementos geométricos.

Construcción

De modo más detallado, la construcción del espacio en el niño, como la estudió Piaget, presenta el desarrollo que sigue.

En los inicios de la etapa de la inteligencia sensomotriz, la percepción del espacio está fragmentada en zonas: bucal, visual, auditiva, táctil. "La acción crea el espacio, pero todavía no se situá en él" (CR, p. 90). Las acciones motrices permanecen sin relación unas con otras.

Hacia los 8-9 meses la coordinación de la visión y de la prensión implica la coordinación de los distintos espacios. Después aparece el comienzo de la relación entre los objetos. El niño los traslada de un lugar a otro, los aleja, los acerca, los imbrica. Cuando cobra conciencia de sus propios movimientos, el espacio se vuelve para él el entorno común de todos sus desplazamientos, pero persisten los límites de la percepción. Hacia los 18-24 meses la representación del objeto le permite al niño tomar en cuenta los desplazamientos invisibles. Al liberarse de la percepción concibe la permanencia del objeto. El primer nivel, el de las percepciones espaciales anteriores a la representación, concluye en este periodo.

Las primeras propiedades que el niño conserva y respeta, antes de la organización proyectiva y euclidiana del espacio, son de orden tipológico. Se refieren a las relaciones elementales de vecindad, de separación, de orden, de entorno humano (o de allegados) y de continuidad. Hacia los 4 años es capaz de copiar figuras geométricas simples. Reproduce con éxito una curva cerrada con un pequeño círculo exterior, interior o que cabalga en el límite, apelando a las relaciones topológicas. En cambio, las figuras relativas a las relaciones euclidianas generalmente no están logradas. Esas relaciones topológicas se constituyen entre elementos de una misma figura, pero en ningún caso situán la figura en relación con las demás. De modo idéntico, la relación de una figura con la otra depende de un análisis establecido desde el punto de vista de cada objeto considerado en sí mismo, y no de un sistema de conjunto que los organice.

Por el contrario, en el espacio proyectivo y en el espacio euclidiano los objetos están situados los unos en relación con los otros según sistemas de conjunto. Las operaciones proyectivas establecen la forma de las figuras, sus respectivas posiciones y sus distancias, en relación con un punto de vista: ya sea el del niño —entonces interviene una relación de perspectiva—, ya el de otros objetos. La coordinación de varios puntos de vista posibles y la consideración de las deformaciones (aparentes) de un objeto que sufre un cambio de posición, permi-

CUADRO III.3. *Las medidas de longitud*

Referencias	*Características*	*Ejemplos prácticos*
Etapa preoperativa (2-6 años aproximadamente)	Ni conservación de la longitud, ni transitividad, ni empleo de material de medida. La percepción espacial domina sobre la reflexión	Las longitudes se evalúan en función de las formas y de las direcciones. Para niños que comparan segmentos, el vertical es más grande que el horizontal, pues "va hacia arriba". Otros niños afirman lo contrario. . . por el mismo motivo
Etapa de las operaciones concretas (6-7/11 años aproximadamente)	La longitud se define poco a poco como cantidad aditiva. Se establece la conservación de las longitudes, así como la transitividad de las equivalencias	La diferencia se construye entre la ilusión, "lo que uno ve", y la realidad que se mide. Se privilegia progresivamente este segundo aspecto. La longitud es abstracción. El niño entiende situaciones del tipo: Si A>B, entonces B está incluido en A

[156]

ten construir un espacio proyectivo. La construcción de esas operaciones se establece hacia los 8-9 años. El niño, por ejemplo, es capaz de imaginar el desarrollo de las superficies de un volumen. Esto significa la posibilidad de hacer a un lado su punto de vista personal, su egocentrismo intelectual, para coordinar diferentes puntos de vista posibles.

Las operaciones euclidianas se desarrollan paralelamente a las operaciones proyectivas, pero en vez de referirse al objeto relativo a un punto de vista expresan los caracteres del objeto en relación con su localización, así como con sus desplazamientos. El espacio euclidiano consiste en "una estructuración de conjunto constituida por los sistemas de coordenadas" (RE, p. 351). Estas operaciones son completadas por el desarrollo de una métrica que se apoya, primero, en un desarrollo esencialmente cualitativo, y después en un desarrollo cuantitativo. Se trata, por ejemplo, del cálculo de las proporciones.

Al conservar este último aspecto, el del desarrollo de las longitudes cuya importancia se conoce en numerosas actividades escolares, uno se percata de que el niño, primero, es víctima de su percepción espacial. Sólo progresivamente se descentra de las percepciones para construir una idea de longitud más objetivada. Así, se entiende que la escuela no puede conformarse con hacer observar, con exigir la mera percepción. El rombo percibido no es el rombo construido. La acción del alumno, al medir los ángulos y los lados, elabora las propiedades invariables de la figura y permite adquirir el concepto de modo estable y transferible. Para una aproximación complementaria que correlacione comparación de longitudes y evolución de lo necesario, el lector leerá con provecho el artículo "Les nécéssités relatives à la mesure des longueurs" (PN, 2, pp. 61-75).

La disciplina privilegiada que se ocupa de la representación del espacio es la geometría. No subestimamos otras actividades, como la educación física o las artes plásticas, cuya práctica tiene una liga estrecha con el terreno espacial. Sin embargo, la geometría se centra exclusivamente en el estudio, en el dominio y en la representación del espacio en sus diferentes formas. Pero durante mucho tiempo se enseñó a contrapelo. Recordaremos, a este respecto, un texto de Piaget.[5] La enseñanza de la geometría (en Suiza, en Francia) presentó tres características durante numerosas décadas:

1) Empieza tardíamente (hacia los 11 años en general) [. . .] *2)* Es, de entrada, específicamente geométrica o incluso métrica [. . .] *3)* Sigue el orden histórico de los descubrimientos: la geometría euclidiana está en primer lugar; mucho más tarde se enseña la geometría proyectiva y completamente al final (en la universidad), la topología [1985, p. 395].

Desde entonces las cosas han evolucionado. La geometría se ha vuelto parte integral de los programas y de las aptitudes de la escuela primaria. Además, las primeras experiencias geométricas del alumno no son de orden cuantitativo. En cambio, no es seguro que aún no se hayan anclado algunas prácticas en el orden histórico de los descubrimientos (euclidiano, proyectivo, topológico). Jean Piaget, después de haber observado a cientos de niños, mostró que las primeras estructuras geométricas descubiertas y construidas son de orden topológico, y que sólo más tarde pueden construir de modo estable y pertinente las estructuras proyectivas y euclidianas.

La actividad geométrica —aunque el principio es el mismo para otros terrenos académicos— puede tomar varios caminos. Puede resaltar la percepción. Se trata de una adquisición de informaciones relativa a los componentes no esenciales (tamaño, forma), que califican el objeto por sus caracteres variables. Es una actividad que descansa esencialmente en la observación y en la constatación. Toca el aspecto figurativo del conocimiento. Esto puede bastar para lograr una actividad, no para entender un concepto. En un objetivo con resultado inmediato, la actividad de percepción cobra todo su valor, sólo que este valor es reducido cuando se busca la comprensión. La actividad puede tomar otro camino, como el del acto reali-

---

[5] Se trata de un fragmento de "Commentaire sur les remarques critiques de Vygotski concernant *Le langage et la pensée* et *Le jugement et le raisonnement chez l'enfant*". Este comentario, escrito en francés y traducido al inglés, apareció como anexo en las primeras traducciones inglesas de *Pensée et langage* de Vygotski. La versión de la que damos aquí un fragmento aparece en la edición francesa de 1985 del libro de Vygotski, pp. 387-399.

zado. La acción directa, interiorizada después, se apega a los atributos esenciales que identifican el objeto al definirlo como concepto. Se relaciona con los caracteres invariables. Es una actividad que puede funcionar mediante la construcción y la transformación, y toca el aspecto operativo del conocimiento. Piaget llama operativo a lo que depende del sujeto, y figurativo a lo que se relaciona con el objeto. Lo operativo está relacionado entonces con el aspecto lógico-matemático del conocimiento. Bronckart sintetiza la idea como sigue: "Los instrumentos figurativos se refieren a los estados, mientras que los instrumentos operativos atañen a los cambios de estado, es decir, las transformaciones que orientan el desarrollo" (P, p. 608). Para otros autores, como Dollé y Bellano, la actividad de percepción acarrea la reproducción, mientras que la acción acarrea la producción (1989, p. 80 y ss).

En la práctica de la geometría, estudiar un polígono sólo con la percepción (mirar, observar, reproducir la figura por medio de una copia) puede llevar a un resultado positivo, que a menudo es una hazaña temporal, pero insuficiente. Esto no facilita la adquisición estable y transferible del concepto. Un descubrimiento activo (tanteo, cuestionamiento dilucidante, construcción sobre papel, intercambio entre alumnos) permite integrar los atributos invariables, que son las propiedades de los polígonos. La enseñanza que pretendería conformarse con la figura percibida sería una enseñanza indigente.

El cuadro III.4 se inspira en la sucesión de las etapas de construcción del espacio definida por Piaget e Inhelder en RE. Encadena e integra progresivamente los diferentes espacios. El más sencillo de construir es topológico. Se relaciona con el objeto solo y es resultado de actividades motrices importantes. El más complejo es el cartesiano. Es el terreno de la métrica. En el interior de una misma categoría espacial hemos repartido las actividades mencionadas en los programas oficiales dentro de cada ciclo. Sin embargo, ni siquiera los caracteres epistemológicos permiten establecer una progresión detallada. El contexto de aprendizaje, el estilo cognitivo de los alumnos, son otras tantas variables que deben tomarse en cuenta. La progresión universal no existe. La distribución aquí propuesta desarrolla y amplía el cuadro que aparece en

CUADRO III.4. *Construcción del espacio y actividades geométricas*

Espacio topológico	
Definición:	Atañe a las relaciones de vecindad, de separación, de orden, de envolvimiento y de continuidad. Trata del objeto considerado en sí mismo y en sus propiedades establecidas paulatinamente
Características:	La conservación del orden lineal aparece hacia los 6-7 años La conservación de las relaciones de envolvimiento aparece hacia los 7 años La conservación de la continuidad aparece hacia los 11-12 años

Puntos de referencia	Programas, aptitudes, actividades
Nivel I (promedio: 3/5 años) *Intuición inmediata*	"Orientarse en el espacio, desplazarse según consignas estrictas, manipular los indicadores espaciales del lenguaje, son actividades que se ordenan a lo largo de la escuela preprimaria" (*Programmes. . .*, p. 35) El espacio vivido se construye en oposición: cerca de/lejos de, a la izquierda/a la derecha, arriba/abajo, adelante/atrás, delantero/trasero. . .
Nivel II (promedio: 6/8 años) *Intuición articulada*	"[El alumno] empieza a realizar representaciones simples del espacio familiar; luego, de un espacio más abstracto, alejado de una representación concreta; puede situarse ahí" (*Programmes. . .*, p. 88). Continuación del aprendizaje anterior: situaciones y vocabulario ligados a las posiciones de los objetos
Nivel III (promedio: 9/10 años) *Estado operativo*	"Comparar la representación en escalas diferentes de una misma realidad; pasar de una escala a otra, de una representación a otra" (*Programmes. . .*, p. 88) Etapa operativa. Actividad que permite entender que una figura se sitúa a la vez mediante su elemento topológico y mediante su elemento de orientación. Es una noción compleja

[160]

CUADRO III.4. *(Continuación)*

Ejemplo 1: Sea la palabra <u>*ORIENTACIÓN*</u>. Está situada en el mismo plano horizontal que la línea que la subraya. No está entonces "arriba" de la línea, en el estricto sentido espacial del término

Ejemplo 2: Cuando se coloca una canica en una botella abierta, ¿puede decirse que está de verdad *en el interior de* la botella, puesto que ésta, al no estar cerrada, no define ni interior ni exterior?

	Espacio proyectivo	*Espacio afín*
Definición:	Es la coordinación de los objetos en relación con puntos de vista determinados. No hay separación con el espacio afín	Según Piaget, "se puede construir, entre el espacio proyectivo y el espacio euclidiano, una serie de términos intermedios, constituidos por las afinidades y las similitudes"
Características:	Conservación de la derecha proyectiva hacia los 7 años. Resolución del problema de la perspectiva hacia los 9 años. Puesta en relación de las perspectivas hacia los 10 años	Percepción y conservación de las similitudes y de las proporciones hacia los 11-12 años. Percepción del paralelismo sin errores a ninguna edad

Puntos de referencia	*Programas, aptitudes, actividades*
Nivel I (promedio: 3/5 años)	"Las actividades pueden organizarse en torno a [. . .] la diferenciación y la clasificación de formas regulares o irregulares, que implican enumeraciones (de ápices, de lados, de caras. . .)
Intuición inmediata	(*"Programmes. . .*, p. 35). Movimientos en el espacio, marchas, desplazamientos, localización de un orificio. . .

[161]

Nivel II (promedio: 6/8 años) *Intuición articulada*	"Contacto con algunos sólidos (cubo, adoquín) y algunas figuras planas usuales (cuadrado, rectángulo, círculo): reproducción, descripción" (*Programmes*. . ., p. 9) Nótese la confusión conceptual entre el estatuto de cuadrado y el de rectángulo. Lógicamente, la primera figura está incluida en la clase de las segundas. En cambio, el progreso que parte de los sólidos y lleva a las figuras planas está epistemológicamente justificado	
	Pueden ordenarse en el espacio proyectivo: la localización con una o dos dimensiones, las redes y los cuadriculados, los sólidos y los polígonos	Pueden ordenarse en el espacio afín: el desplazamiento sobre una red, los itinerarios y los caminos, la derecha
Nivel III (promedio: 9/10 años) *Etapa operativa*	"Conocimiento de algunos objetos geométricos usuales. . ." "Nociones de frente, ápice, medio, línea, derecha, ángulo, perpendicular, paralelo" (*Programmes*. . ., p. 64)	
	Construcción, descripción, representación de los sólidos y de los polígonos. Jerarquización por imbricación de clase (polígonos > cuadriláteros > paralelogramos. . .)	Localización en el plano, cuadriculado. Derechas y derechas paralelas. Ángulos y ángulos rectos. Reducciones y ampliaciones
	Espacio euclidiano	*Espacio cartesiano*
Definición:	Es la coordinación de los objetos considerados en sí mismos en sus desplazamientos objetivos. Es, por ejemplo, la construcción de los sistemas de coordenadas	Es el resultado de la construcción del espacio que se caracteriza por la conservación de las longitudes y la constitución de una métrica

CUADRO III.4. *(Continuación)*

Características:	Construcción de la horizontal y de la vertical hacia los 9 años. Construcción del esquema topográfico hacia los 11/12 años	El establecimiento del espacio cartesiano, con capacidad de transferencia, se sitúa en la etapa de las operaciones hipotético-deductivas
Puntos de referencia	*Programas, aptitudes, actividades*	
Nivel I (promedio: 3/5 años) *Intuición inmediata*	El alumno construye progresivamente "una organización del espacio en relación con objetos o puntos de referencia exteriores (cerca de la puerta, al fondo del pasillo. . .)" (*Programmes*. . ., p. 35). Construcción de relaciones a partir del vocabulario ligado al espacio	"Clasificación de objetos en función de una de sus cualidades" "Ordenamientos [. . .] gracias a criterios cuantitativos (más grande, más grueso, más ancho. . .)" (*op. cit.*, p. 34). Organización de relaciones lógicas: clasificaciones y seriaciones
Nivel II (promedio: 6/8 años) *Intuición articulada*	"Trazado: empleo de los instrumentos y de las técnicas de reproducción y de construcción: rompecabezas, frisos, entarugados" Acercamiento a la simetría axial (plegados)" (*Programmes*. . . p. 49)	Noción de medida, unidades usuales, elección de una unidad pertinente. Trabajo de medición con diversos instrumentos (regla, cinta métrica, cadena de agrimensor. . .)

CUADRO III.4. *(Continuación)*

Nivel III (promedio: 9/10 años) Etapa operativa	"Acción sobre las figuras planas: ajuste de la técnica de reproducción, construcción y transformación" (*Programmes*..., p. 64). Perpendicularidad, simetría axial, diversas construcciones planas	"Medida de longitud [...] Distinción entre perímetro y superficie. Comparación de dos ángulos, reproducción de un ángulo dado" (*idem*). Constituir y emplear un conjunto de fórmulas. Cálculo de perímetro y de superficie de polígonos simples y del círculo

una de nuestras publicaciones anteriores (Perraudeau, 1994, p. 73). Es la trama que cada quien ajustará en función de los recursos y de las necesidades locales.

Consecuencias prácticas

El funcionamiento mental del niño casi siempre le da preferencia a lo indiferenciado. Es la marca de un pensamiento influido por el sincretismo. El adulto, por el contrario, define más rápido lo particular. Su razonamiento se apoya en métodos analíticos. Estos principios generalmente perduran pues, como sabemos, existen individuos, tanto niños como adultos, cuyo funcionamiento cognitivo no sigue la tónica general.

Un método didáctico exclusivamente fundado en la aproximación sincrética encontraría un eco favorable pero correría el riesgo de anclar al alumno en un pensamiento poco motivado para avanzar. Un método didáctico que le diera excesiva preferencia al análisis encontraría pocas respuestas en una mayoría de alumnos. La distancia cognitiva entre la propuesta y su aptitud sería demasiado importante como para que dichos alumnos aprovecharan semejante enseñanza. Ya lo dijimos: enseñar de modo abstracto no permite construir la abstracción. Parece posible y necesario colocar a los alumnos en el centro de las secuencias que equilibran el sincretismo y el análisis, partiendo de lo global para llevar a lo particular. Estos métodos, que van del aula al elemento, no llevan a los alumnos a una dependencia cognitiva de procedimiento. Además, favorecen la elaboración de la reversibilidad.

Los ejemplos que siguen atañen primero a las nociones topológicas y, de modo más específico, a las que se vinculan con la derecha y la izquierda. Después evocamos las nociones proyectivas por medio de la perspectiva y de la coordinación de los puntos de vista. Finalmente, abordamos ejemplos vinculados con las nociones euclidianas y con la construcción de sistemas de conjunto de las coordenadas.

Según Liliane Lurçat "el conocimiento del propio cuerpo proviene del conocimiento del espacio y, al mismo tiempo, lo hace posible" (1979, p. 27). La autora añade que la lateralidad proviene de la lateralización, es decir de la acción y de la orientación. La dificultad de localización se traduce para muchos individuos en el empleo de estratagemas. Al nombrar mentalmente la mano con la que escribe, el niño (y el adulto) localizan y distinguen derecha e izquierda. Orientarse en el espacio significa primero orientarse en el propio cuerpo. Generalmente se admite que el sujeto reconoce la lateralidad en sí mismo hacia los 6 años y en los otros hacia los 8 años. Parece interesante proponer a los alumnos del ciclo 2 o del ciclo 3 situaciones como las que presenta Lurçat en la obra citada (p. 140 y ss) o Jean Piaget en JR (p. 136 y ss). A modo de ejemplo, proponemos cuatro series de preguntas, con las que los maestros de preprimaria estarán familiarizados. En las clases elementales los alumnos son poco presionados desde el punto de vista del espacio; se piensa equivocadamente que esos ajustes están estabilizados.

a) Enséñame tu mano izquierda, tu mano derecha, tu pierna izquierda, tu pierna derecha

b) Enséñame mi mano izquierda, mi mano derecha, mi pierna izquierda, mi pierna derecha

c) El alumno se encuentra frente al adulto. Éste tiene un lápiz en la mano derecha y lleva un reloj en la muñeca izquierda. Preguntar en qué mano está el lápiz, en qué muñeca está el reloj. Variar con otros objetos

d) Se da una situación con varios objetos: una casa, un coche y un hombre. Los dos últimos llevan el mismo rumbo. El adulto le hace distintas preguntas al niño que observa la situación:

¿La casa está a la izquierda o a la derecha del hombre?
¿El coche está a la izquierda o a la derecha del hombre?
¿La casa está a la izquierda o a la derecha del coche?

Liliane Lurçat, en su conclusión acerca del conocimiento de la lateralidad en la situación frente a frente, plantea, a partir de las encuestas realizadas entre los niños de una gran sección de la preprimaria, que "si la capacidad de analizar la inversión aún no es posible, esto no significa que el niño no dispone de un sistema de referencias" (*op. cit.*, p. 143). La multiplicación de las situaciones favorece el establecimiento de estratagemas relacionadas con el logro y fundadas esencialmente en la percepción (el lápiz en la mano, el acto de escribir, un objeto que lleva alguien, una indicación verbal del adulto. . .). Luego pueden interiorizarse como estrategias de reflexión, relacionadas por lo tanto con la comprensión.

Para ilustrar el tema con la medida de longitud, en el ciclo 3 se pueden proponer actividades progresivas y motivadas. Medir el campo de futbol o el patio de recreo (para preparar un encuentro deportivo o algún arreglo), y medir el aula (para colocar el mobiliario de otro modo), antes de trabajar las representaciones en una hoja (para comunicar los "planos" a otra aula). La progresión seguida para las medidas es la misma que la que se sigue para las construcciones: sólido, figura, línea, punto. Se produce el mismo desarrollo, que parte de lo topológico para ir hacia lo euclidiano.

También se les pide a alumnos del CM que construyan una maqueta (la escuela, la calle, el barrio), y que manifiesten diferentes puntos de vista. Del mismo modo, otra etapa consiste en dibujar un edificio y los edificios de una calle, pues la perspectiva desempeña un papel importante, y en verbalizar (o dibujar) lo que uno quiere ver en tal o cual lugar. Ver un edificio según la perspectiva impuesta equivale a mirarlo desde cierto punto de vista. Sin embargo, no es necesario que el alumno cobre conciencia de este punto de vista para que perciba el edificio como construcción de formas y dimensiones conocidas. En cambio, la representación gráfica de ese mismo edificio, a partir de la misma perspectiva, implica la toma de conciencia del punto de vista y de las transformaciones debidas a la intervención de dicho punto de vista. Para Piaget los niños, antes de los 6-7 años, no han adquirido esa conciencia. "Por eso se apegan al objeto mismo, al que también atribuyen una especie de pseudoconstancia de la forma en virtud de ese mecanismo común según el cual el inconsciente, desde el punto de vista subjetivo (ignorancia propia del egocentrismo) engendra falsos absolutos" (RE, p. 208).

En el ciclo 2 las actividades, si están motivadas, facilitan la reversibilidad y el descentramiento. El descentramiento supone que el alumno pueda confrontar su propio punto de vista con otros diferentes, incluso opuestos.

Por ejemplo, es posible tomar fotos en el patio, en el aula, en el salón de juegos o en diferentes lugares. Se le propone una foto a un alumno A y se le pide que encuentre el lugar en el que fue tomada la foto: "¿Dónde te vas a colocar para ver lo mismo?" Después se invita a un alumno B a que se coloque en otro lugar. Se le proponen a A tres fotos y se le pide que diga cuál de ellas representa lo que ve B. Es el tipo de situaciones que se pueden multiplicar, en forma de juego, de modo individual o en pareja, y que son fácilmente aceptadas por los alumnos del ciclo 2.

Mientras que el espacio proyectivo consiste en una coordinación de los objetos en relación con los puntos de vista, el espacio euclidiano depende principalmente de coordinaciones entre los objetos como tales, que desembocan en la construcción de sistemas de coordenadas. Para Piaget e Inhelder "las coordenadas del espacio euclidiano no son otra cosa, en su inicio, que una amplia red extendida a todos los objetos, que consiste en relaciones de orden aplicadas a las tres dimensiones a la vez; por lo tanto, cada objeto situado en esta red está coordinado en relación con los demás, según los tres tipos de relaciones simultáneas izquierda/derecha, arriba/abajo y delante/detrás, a lo largo de líneas rectas paralelas respecto a una de esas dimensiones y que se cruzan en ángulo recto con las que están orientadas según las otras dos" (RE, p. 436).

El sistema de referencia natural está dado por la dirección horizontal y por la vertical. El adulto está acostumbrado a moverse en ese sistema referencial, cuya verticalidad está verificada por la ley de la gravedad (o, de modo más intuitivo, por la pared de un muro). La horizontalidad está verificada por la experiencia simple del nivel de un líquido. Sin embargo, esas nociones elementales se construyen de modo progresivo en el niño.

Por tomar sólo el caso de la verticalidad, basta observar los dibujos de alumnos pequeños para darse cuenta de que la tratan de modo curioso. ¿Cuántos dibujos enseñan casas puestas perpendicularmente a la ladera de la montaña? Esta representación gráfica implica la intuición de la noción de ángulo recto, noción necesaria para la construcción de un sistema de coordenadas. Se trata pues de una etapa importante, pero aún elemental e intermedia. Al emplear el ángulo recto intuitivo, el niño considera el objeto (la casa) en sí mismo, aislado de la configuración general, de la estructura de conjunto constituida por las casas y la montaña.

Entre las situaciones que son interesantes para evaluar las adquisiciones del alumno y permitir que inicie una discusión, tomamos varias propuestas por el epistemólogo (RE, p. 440 y siguientes).

Hacer que los alumnos dibujen (en el ciclo 2 y al inicio del ciclo 3) una montaña, pidiéndoles que reproduzcan gráficamente algunos árboles sobre las laderas.

Pedirles a los alumnos que construyan una ciudad, pegando etiquetas que representen construcciones en un paisaje montañoso previamente dibujado en una hoja grande. Esto se le puede proponer a un grupo de alumnos, lo cual ocasiona intercambios interesantes.

Después de ambas realizaciones, se les proponen dos cuadros, que representan un cerro y tres construcciones. En el primero, las casas están situadas perpendicularmente a las laderas del cerro; en el segundo están colocadas en forma vertical. Se les pide a los niños que elijan el cuadro en el que, a su modo de ver, las casas están mejor construidas. El contexto de esta tercera experimentación es diferente. Como no tienen que comprometerse con un gesto motor, desaparece la inhibición que algunos pueden experimentar ante alguna realización práctica. Los resultados obtenidos con los alumnos en el ciclo 3 son a menudo más sorprendentes de lo que uno se imagina.

Para Piaget la verticalidad (y la horizontalidad) se vuelven transferibles, con una gran probabilidad de éxito a partir de los 9 años. Recordemos que no se trata de una indicación normativa que implique un comportamiento patológico en caso de fracaso a la edad indicada. La conquista de esas nociones corresponde al segundo nivel de la etapa de las operaciones concretas. Es difícil, por lo tanto, exigir una hazaña en actividades de construcción geométrica antes del colegio. El alumno se encuentra en una fase de construcción de los sistemas de coordenadas, y el profesor entiende la inutilidad de iniciar una enseñanza con construcciones y representaciones que dependan prioritariamente de la cuantificación.

La segunda serie de ejercicios atañe al esquema topográfico. En primer lugar, resulta instructivo proponerle al alumno, en una situación individual con el maestro, la experiencia relatada por Piaget (RE, p. 490), denominada "el muñeco que se coloca en un paisaje". Se ilustra, en dos ejemplares idénticos, un paisaje con río, carretera, casa, cerro, camino, puente. . . Se coloca un personaje de plástico en el paisaje A, y se le pide al alumno que coloque un personaje igual, en el mismo lugar, sobre el paisaje B. La operación se repetirá varias veces, y cambiará la posición del personaje, rotando 180° el plano A e intercalando una pequeña pantalla que separa ambos planos. Lo que resalta no es tanto el resultado, sino el método establecido para lograrlo. Es lo que precisa Piaget al escribir: "es evidente que el interés no consiste simplemente en saber si el niño podrá encontrarlas [las distintas posiciones del personaje) en el dispositivo B, sino en determinar qué método empleará para este efecto, es decir qué relaciones invocará y coordinará entre ellas para asignar la posición buscada" (RE, p. 491). El interés de la experimentación consiste en que la conducta desarrollada por el alumno rebasa la simple percepción. No se trata de reproducir una situación mediante la observación, sino de producir una situación mediante la reorganización de elementos. La aplicación del propio punto de vista requiere una intervención doble: la coordinación de los puntos de vista proyectivos y la intervención de relaciones euclidianas (utilización de un plano-estructura, consideración de las distancias. . .). Esta conducta completa se establece a partir de los 8 años, según Piaget.

Señalemos finalmente que un colaborador de Piaget les propuso esta situación a unos adultos. La única diferencia fue la presentación, durante una fracción de segundo, de la situación de referencia (posición del personaje en el paisaje A). ¡Resulta que todos los adultos operan como los niños del nivel preoperativo de 4-5 años! Como el espacio adulto está estructurado euclidianamente, no determina topológicamente la posición del personaje. Sin embargo, Piaget observa (*op. cit.*, p. 496) que "el breve instante de presentación impide que se efectúen las coordinaciones operativas, y se observan entonces, durante los titubeos del sujeto, los mismos errores por falta de inversión, por incapacidad de tomar en cuenta más de una relación a la vez", en el adulto y en el niño de preprimaria.

Los profesores ya conocen el último ejercicio propuesto. Se trata de la reproducción del espacio cercano (escuela, barrio. . .), en forma de plano. La primera fase consiste en desplazarse en el sitio, recorrer, observar, tomar distintos tipos de nota, incluso fotografías, lo cual es notable. La segunda fase consiste en representar. En un primer tiempo, la representación puede ser colectiva. El espacio es representado globalmente por sólidos que simbolizan tal aula o tal edificio. Se disponen las cajas de cartón a partir de una orientación dada por el sentido del desplazamiento. Las discusiones que se suscitan a menudo son enriquecedoras, y evidencian el hecho de que es difícil para los alumnos considerar un punto de vista distinto del suyo. Es útil, entonces, que se enfrenten a esta realidad social.

Según el nivel de desarrollo cognitivo de los niños, se observan varios modelos de producción. Los primeros se traducen como anillos cerrados, con una flecha. Este circuito cerrado simboliza el trayecto seguido. Los edificios se disponen sin demasiada preocupación por la coherencia.

Después, las producciones traducen un principio de coordinación. El circuito cerrado está presente, pero la aparición de ángulos nítidos indica la toma de conciencia de cambios de dirección y, en consecuencia, traduce un inicio de organización de las calles en un sistema de conjunto. La colocación de flechas es correcta. La exactitud del emplazamiento y la designación de las arterias muestra un progreso sensible en relación con la producción anterior.

En la tercera categoría de producciones el trayecto ya no se representa con un circuito cerrado. La apertura de las calles muestra que éstas se perciben implícitamente articuladas a un esquema topográfico general, en el que se representa sólo una parte. Hay unas flechas que indican no sólo la dirección seguida, sino también las orientaciones izquierda/derecha en relación con las banquetas. Las calles están bien colocadas y designadas, por añadidura, con el afán de respetar las distancias. La etapa siguiente atañe, para los alumnos de fin del ciclo 3, a la intervención de una métrica gracias a la escala y a las proporciones.

Todas estas situaciones activas, a menudo encontradas en la preprimaria, a veces olvidadas en la primaria en favor de un verbalismo excesivo, permiten que el alumno tome conciencia de que existen otros puntos de vista que el suyo. En las situaciones ligadas al espacio descubrir con la pura percepción facilita más el éxito que la comprensión, y resulta insuficiente. La adquisición conceptual, verificada con la realización de transferencias, se funda en los esquemas de acción. El objetivo de las situaciones activas de aprendizaje apunta a producir saber, habilidades, y no a conformarse con reproducir un conocimiento, una técnica. Las experimentaciones establecidas por Piaget con cientos de niños llegan a la misma conclusión: "un sistema operativo extrae su sustancia de una serie de abstracciones efectuadas a partir de la acción del sujeto, y no de los caracteres dados de los objetos" (RE, p. 566).

LA CONSTRUCCIÓN DE LA LÓGICA

Las operaciones infralógicas abordan el conocimiento de los objetos en sus aspectos de causalidad, de espacio y de tiempo. Son categorías de pensamiento que se construyen a partir de abstracciones a menudo simples. Por el contrario, las operaciones lógico-matemáticas tratan del conocimiento de los objetos, considerados en la perspectiva de sus relaciones: clasificación, seriación, enumeración, imbricación de clases. . . Se construyen a partir de la abstracción reflexionante. Apuntan a la elaboración de las estructuras del pensamiento lógico. La construcción del razonamiento se elabora gradualmente, gracias a actividades de manipulación, de representación, de reflexión. Piaget considera que la formalización no es un estado, sino un proceso que construye y reorganiza de modo permanente el pensamiento formal. Rebate nuevamente la tesis maduracionista, según la cual el objetivo último del desarrollo consiste en alcanzar una etapa formal ideal.

En el interior del marco epistemológico han resaltado varias hipótesis. Un debate, que no carece de repercusiones didácticas, pasó por el Centro Internacional de Epistemología Genética de Ginebra. Se puede resumir con esta pregunta: "¿Es posible aprender las estructuras lógicas?" La respuesta de Jean Piaget tendería a la negativa. Después, Bärbel Inhelder afinó y reformuló dicha pregunta: "¿Es posible intervenir para acelerar la adquisición de las estructuras lógicas?" Dos posibles respuestas aparecieron entonces, ambas positivas. La primera, muy piagetiana, consiste en situar la adquisición eventual no tanto en el resultado como en el proceso. La segunda equivale a evitar la propuesta de un reforzamiento repetitivo y sólo individual en beneficio de situaciones (enunciados, cuestionarios. . .) que se pueden trabajar en conjunto.

Definiciones

Al revés de lo que se escribe con frecuencia, la lógica, para Piaget, no sanciona la perfecta realización de la inteligencia del individuo. No se trata de considerarlo como representante del reduccionismo, esa tendencia de la teoría del conocimiento que relaciona el modo de funcionar del pensamiento con un modelo puramente lógico. Piaget nunca considera que el pensamiento se pueda reducir estrictamente a un modelo lógico-mecánico, a una formalización integral. "Toda la lógica, trátese de la 'lógica natural' o de la de los sistemas axiomatizados de los lógicos, consiste esencialmente en un sistema de autocorrecciones cuya función consiste en distinguir lo verdadero de lo falso y proporcionar los medios de permanecer en lo verdadero" (BC, p. 23). La axiomática se entiende como la demostración formal que emplea únicamente proposiciones admitidas como verdaderas (los axiomas), excluyendo cualquier forma experimental. Piaget rechaza el proyecto de axiomatizar la psicología, como el que los filósofos del Círculo de Viena han realizado con el lenguaje. Explica este rechazo dando varios motivos. En primer lugar, el pensamiento del sujeto, tanto el adulto como el niño, le parece demasiado complejo como para que se pueda axiomatizar de manera codificada la integralidad de su funcionamiento. En segundo lugar, la lógica axiomática proviene de encadenamientos rigurosamente lineales, mientras que el pensamiento del individuo, articulado en torno a estructuras operativas, procede con integraciones y modificaciones sucesivas completas. En tercer lugar, el concepto de interacción constructivista no puede fundirse en una reja axiomática que limitaría, *de facto*, los efectos de esta interacción.

El proyecto de Piaget consiste en hacer que emerja la estructura lógica de los hechos observados. Para retomar la expresión de Droz y Rahmy, la intención piagetiana "no es de ningún modo formalizar su teoría [. . .] sino formalizar las conductas observadas, para profundizar su comprensión" (1978, p. 35). Piaget no quiere someter el pensamiento a una sujeción logística; quiere emplear la herramienta lógica como modo explicativo del desarrollo de la inteligencia. Explica este tema en varios textos, sobre todo en el artículo "Logique et psychologie" (PI, p. 34 y ss), y en *Sagesse et illusions de la philosophie*. En este libro escribe: "la lógica constituye una referencia indispensable para la epistemología, que sólo en ella encuentra las precisiones necesarias en cuanto a la coherencia formal y deductiva, en oposición a las cuestiones de hecho relativas al sujeto" (SIP, p. 99).

Esquemáticamente, Piaget observa que el pensamiento del niño se estructura en tres etapas: en lo motriz es una fase prelógica y, en lo concreto, es la lógica de las clases y de las relaciones, para alcanzar después un estado formal, la lógica del discurso. Retomemos estas tres grandes fases.

La etapa sensomotriz es necesaria para la construcción de la lógica. Es un periodo preparatorio, y por lo tanto indispensable para las futuras estructuras. Una de las características de este primer periodo es la construcción de lo que Piaget llama las colecciones figurales. Cuando se le proponen objetos a un niño no los ordena en función de sus atributos propios. No se han formado las nociones de semejanza y de diferencia entre todos los objetos, ni la idea de inclusión. Reúne los objetos según criterios diversos, a veces sorprendentes para el adulto. Son semejanzas progresivas que atañen únicamente a unos cuantos objetos. También puede ser una recolección en función del dominio del espacio: se colocan dos cubos uno sobre el otro para hacer una casa. En este caso, la propiedad de cada objeto se percibe en su configuración espacial y no por las invariantes integradas a una estructura global. De este modo, el razonamiento es preconceptual. El pensamiento se apega sólo a lo particular y no lo integra en una clase. Para nombrar a este razonamiento prelógico Piaget habla de transducción.

La etapa preoperativa está marcada por la posibilidad progresiva en el niño de integrar los objetos en una estructura más global. Poco a poco se vuelve capaz de reunir en una colección los objetos que poseen una misma propiedad (forma o color), y así se desprende de la mera configuración espacial. El objeto se distingue cada vez más de la clase a la que pertenece. Es el principio de las acciones de clasificación. Sin embargo, la dificultad de emplear correctamente los conectores como "todos" y "algunos" muestra que aún no se establece la inclusión. Cabe recordar que la inclusión depende de la reversibilidad. Una subclase está integrada a una clase cuando su parte complementaria está identificada como tal, y se conservan clases y subclases en su complementariedad. Sabemos que la inclusión es una propiedad característica del pensamiento operativo, es decir la etapa siguiente del pensamiento del niño.

En una primera fase operativa, hacia los 7 años, se desarrolla una lógica de las clases (véase más adelante) y de las relaciones que se vincula con lo concreto y todavía se refiere a los objetos. Sin embargo, las posibilidades dadas por el establecimiento de las conservaciones y la existencia progresiva de la reversibilidad permiten constituir verdaderas estructuras lógicas. La reversibilidad es la adquisición estable de la triple capacidad de hacer, de deshacer y de rehacer una acción referida a un objeto y luego únicamente interiorizada. La reversibilidad, en esta etapa, puede adoptar dos aspectos: la negación, a veces llamada inversión, para las estructuras de clases, y la reciprocidad, que corresponde a las estructuras de relación. En el nivel anterior el niño empezaba a seriar los objetos; también los clasificaba. Estas acciones procedían sobre todo de los titubeos, del modo empírico. En esta nueva etapa las mismas acciones se organizan gracias a los avances de la conservación y de la reversibilidad.

La etapa operativa concreta es la de la elaboración de una lógica de clases y de relaciones.

Por lógica de clases se entiende la reunión de los objetos en un conjunto que Piaget llama clase. Las operaciones constitutivas de esta lógica son la clasificación y la inclusión. Piaget emplea la inclusión de una subclase como criterio significativo de dominio de la clasificación. Este problema queda resuelto hacia los 7-8 años. Sin embargo, no está estabilizado en todos los contextos. El epistemólogo relata la siguiente anécdota (PPG, p. 162 y ss). Cuando se le propone al niño un conjunto de seis claveles y de otras seis flores, es perfectamente capaz, hacia los 8 años, de responder a las preguntas de inclusión. "¿Son flores todos los claveles?"; "¿Son claveles todas las flores?"; "¿Hay en esta mesa más claveles o más flores?"; etc. En cambio, cuando una estructura lógica análoga atañe a los animales, las respuestas difieren. Las dos preguntas: "¿Son animales todos los pájaros?" y "¿Son pájaros todos los animales?" se resuelven fácilmente. Sin embargo, la pregunta "¿Hay afuera más animales que pájaros?" causa problemas y genera fracasos. Piaget explica que el fracaso se origina en la imposibilidad de manipulación directa o de representación de manipulación. Las flores se juntan en un ramo que se puede evocar visualmente y representar gráficamente. En cambio los animales constituyen una clase tan amplia que la evocación y la representación plantean grandes dificultades. La clasificación que se construye en esa etapa se limita por lo tanto a lo concreto. La posibilidad de manipular las propuestas depende de una etapa superior.

Por lógica de relaciones se entienden las combinaciones de objetos en función de sus características. La operación constitutiva es la transitividad. Las actividades de seriación pertenecen a esta categoría. El ejercicio paradigmático consiste en seriar, primero por medio de la manipulación y después por medio de la representación gráfica, una colección de varas de distintos tamaños. Al revés del nivel inferior, caracterizado por el titubeo, la estrategia ahora creada se vuelve sistemática. Buscar primero la más pequeña de todas, y luego, entre las varas que quedan, la más pequeña y así sucesivamente. La acción que se desarrolla se convierte en operación, pues se entiende que una vara es más pequeña que la siguiente y más grande que la anterior. Hay entonces una reversibilidad de la acción, es decir una operación. Sin embargo también existen límites en este terreno. Consideremos una situación que ofrezca la misma estructura lógica que la de las varas. Se trata del *test* de Burt, estudiado por Piaget en *Le jugement et le raisonnement chez l'enfant*. Tres niñas pequeñas tienen el cabello de distinto color. El de Edith es más claro que el de Suzanne y más oscuro que el de Lili. ¿Cuál de los tres es el más oscuro? Esta situación resulta difícil para los niños de la etapa operativa concreta. Para Piaget, "habrá que esperar a los 12 años para que este problema se resuelva, porque está planteado en términos de enunciados verbales. Sin embargo, ahí no hay nada más que la seriación [. . .] pero una seriación verbal es distinta de las operaciones concretas" (PPG, p. 164). Sin embargo, veremos más adelante que en ciertas condiciones de exigencia operativa los alumnos de CM pueden resolver exitosamente semejantes situaciones, sin "esperar a los 12 años" y, por lo tanto, éstas dependen más de la etapa concreta.

Notemos que incluso si en esa etapa el razonamiento se apoya en un sustrato concreto, se trata realmente de una lógica. Como lo subraya Pierre Gréco, "ella enriquece lo concreto al aplicarle las reglas abstractas propias de los sistemas de operaciones" ("Enfance", *Encyclopædia Universalis, corpus* 8, p. 344).

La etapa de las operaciones formales es la de la lógica de las proposiciones, que es una lógica del discurso. El razonamiento se apega a las proposiciones verbales y no ya solamente a los hechos concretos y a los objetos. El discurso manipulado es un discurso descentrado. El adolescente y el adulto son capaces de deducir o de emitir hipótesis sobre lo posible. Piaget considera que alcanzar la lógica de las proposiciones supone la construcción de las lógicas anteriores, pero requiere también de la disponibilidad de dos parámetros indispensables. Por una parte, la globalización: es una seriación que agrupa todas las seriaciones y una estructura de clasificación que agrupa todas las clasificaciones. Por otra parte, es la constitución de un sistema único de los agrupamientos en el que se sitúa el grupo INRC (identidad, negación, reciprocidad, correlación). La reversibilidad concreta reviste dos aspectos: la negación ligada a las estructuras de clases y la reciprocidad para las estructuras de relación. En la etapa proposicional toda operación comprende una negación y una reciprocidad, así como una correlativa que es negación de la recíproca. Por supuesto, el adolescente no está consciente de que se establecen semejantes estructuras complejas. En cambio, evalúa directamente los efectos de las capacidades de deducción y de inducción, en situaciones de aprendizaje que apelan a este tipo de razonamientos. En esta etapa las operaciones que se refieren a la proporcionalidad se pueden realizar. Un capítulo de *De la logique de l'enfant à la logique de l'adolescent* está dedicado a esto.

Los estudios efectuados por Piaget y por numerosos psicólogos tienden a demostrar que el desenvolvimiento constitutivo de la lógica se asemeja en todos los lugares del mundo (remitirse, por ejemplo, a PPG, p. 167 y ss). El orden de sucesión es el mismo, sólo subsisten los desfases según los lugares, los contextos sociales o culturales. Como el pensamiento se construye en interacción directa con los objetos y el medio, logra separarse progresivamente de ellos y ejercitarse sobre lo posible y lo hipotético del discurso. Piaget escribe (SP, p. 145 y ss) que varios factores alimentan esta construcción. Nos parece que dos de ellos se relacionan directamente con la didáctica. Es, primero, el hecho de que la fuente de las estructuras lógicas proviene necesariamente de la acción del niño. Después, es el hecho de que el factor social es importante. La confrontación con la realidad pasa inevitablemente por la confrontación con el otro. Esta experiencia es un elemento importante para el establecimiento del aprendizaje y de la remediación.

Concluyamos con el cuadro III.5 que sintetiza la evolución de las estructuras lógicas del pensamiento infantil. Recordemos que las edades no son ni promedios ni normas por alcanzar. Subrayemos también, siguiendo a Piaget, que las edades indicadas "dependen de los medios sociales y escolares" (SP, p. 141), lo cual explica los desfases observados entre niños de las ciudades occidentales y niños de las zonas rurales de Irán o de Australia. Conviene pues tomar las edades como marcadores flexibles.

Elementos de discusión

Se han suscitado varios tipos de críticas acerca de las investigaciones de Piaget sobre el desarrollo del pensamiento lógico.

La primera se refiere al hecho de que Piaget eligiese una hipótesis en la cual la construcción de las estructuras lógicas ocupa un lugar preponderante en el espacio de trabajo. Se admite generalmente que el pensamiento del niño se desarrolla en el sentido definido por el epistemólogo ginebrino. Sin embargo, la realidad de las aptitudes empleadas de modo individual para la resolución de los problemas cotidianos hace pensar que no todos desarrollan ni emplean de manera idéntica su potencial lógico. Como lo subraya Jean-Blaise Grize, lógico y filósofo: "el sentido común [. . .] no se deja reducir a los formalismos [. . .] El pensamiento no está hecho sólo de universales calculables" (introducción a la obra de Bideaud y Houdé, 1991, p. 11). Observa que junto al formalismo ideal, despojado en grado extremo de las menores contingencias, existen redes de afectos que, por su fuerte imprevisibilidad, desestabilizan los esquemas trazados. Junto al razonamiento puro, que introduce al individuo en una confrontación consigo mismo, las variables sociales, a veces difíciles de manejar, inscriben al individuo en una globalidad más inclinada hacia lo inesperado y lo imprevisible.

Notemos, sin embargo, que el proyecto de Piaget no es el de Russell o Carnap. Su objetivo no consistió en reducir la psicología del niño al prisma de lo axiomático, sino en emplear ciertas herramientas lógicas para definir, estructurar y darle sentido a ciertas conductas. Tomar la lógica como medio y no como fin es considerar también que las estructuras no están predeterminadas, sino que se construyen.

Segundo tipo de cuestionamiento: se le reprocha a Piaget su visión del individuo en su parámetro universal que desemboca en el pensamiento hipotético-deductivo, y no como posible depositario de un funcionamiento propio. Es la crítica que le hacen Bideaud y Houdé, quienes observan que en las entrevistas con los niños Piaget y sus colaboradores sólo conservan los argumentos vinculados con la lógica. Ahora bien, dicen ellos, los modos de resolución desarrollados por los niños para resolver tal o cual pregunta no se limitan a las meras respuestas matemáticamente normadas. En forma permanente se moviliza una "pluralidad de modos de funcionamiento" (1991, p. 26).

Recordemos que el carácter epistémico delimitado por Piaget tiende a destacar invariables, no a dictar normas. Aludimos anteriormente a los estilos de aprendizaje. Las invariables observadas en el desarrollo de las adquisiciones no se contradicen con las conductas diferentes, incluso opuestas, que se pueden observar durante esas mismas adquisiciones. Tomaremos dos en particular. Para Lerbet y Gouzien el hecho de que ciertos niños desarrollen un comportamiento productor ante el saber, mientras que otros se sitúan más bien del lado del consumo, no significaría que unos estuvieran siempre activos y que los otros estuvieran totalmente pasivos. Parece más exacto decir que su actividad se ejerce de otro modo. La tarea del profesor, entonces, consiste en percibir el modo de funcionamiento cognitivo de sus alumnos y, con propuestas apropiadas, desarrollar la dominante subdesarrollada. Pierre Vermerch definió modos de funcionamiento referidos a los adultos, retomando las características piagetianas. En función de diversas variables (el contexto, la relación social, la motivación, etc.), los individuos, cualquiera que sea su nivel de desarrollo, reaccionan de forma distinta. Ya sea de manera única-

CUADRO III.5. *La construcción de la lógica en el niño*

Referencias	Características	Ejemplos
Etapa sensomotriz (del nacimiento a los 2 años)	Esta fase es anterior al lenguaje. Constitución de una invariable: el objeto permanente. No existen ni operación ni estructura lógica *stricto sensu*	A los 5-6 meses el bebé no busca el objeto que desaparece de su campo visual. Hacia los 12-18 meses busca sistemáticamente el objeto. Éste existe independientemente de si el bebé lo ve.
Etapa preoperativa (de los 2 a los 6-7 años)	Primeras formas de la función simbólica. Inicio de la interiorización de las acciones, pero sin reversibilidad. Periodo de las "colecciones figurales". Los objetos se reúnen, no en función de caracteres lógicos, como la clasificación, sino a partir de parámetros espaciales. El niño se desprende de ellos hacia los 5 años	El niño fracasa en los experimentos ligados a la transitividad o a la conmutatividad. Tras comprobar la igualdad del peso entre dos barras de latón A y B, y la igualdad entre B y C (bola de plomo), el niño, sin embargo, está convencido de que la masa de C es mayor que la de A
Etapa de las operaciones concretas (entre los 6-7 años y los 11-12 años)	Inicia una lógica acerca de los objetos: clasificación, seriación, correspondencia. Está ligada con la acción. La mentalización naciente transforma la acción en una operación que presenta una estructura de reversibilidad	Las clasificaciones jerárquicas sobre los objetos ya no representan un problema. El dominio abarca las situaciones verbales. El niño empieza a resolver situaciones con "algunos" y "todos"

| Etapa de las operaciones formales (a partir de los 11-12 años) | La lógica atañe a los enunciados, no ya a las meras acciones. El razonamiento toma un carácter formal e hipotético-deductivo. Dos estructuras lo caracterizan: la "red" fundada en las operaciones combinatorias; el "grupo" de las cuatro transformaciones: I, transformación idéntica; N, inversión o negación; R, reciprocidad y C, correlación | Dominio progresivo de las situaciones de proporcionalidad. El razonamiento ya no se apoya solamente en las acciones o en las representaciones. Se funda en la reflexión. Las inferencias resultan de la posibilidad de emitir hipótesis y de verificarlas mentalmente. Es el caso del *test* de Burt |

mente motriz, ya figural, ya también de manera totalmente operativa. No parece que haya oposición entre el desarrollo observado de las invariables cognitivas y los comportamientos advertidos, en los cuales, es verdad, algunas dominantes se pueden revelar de modo más o menos sensible.

La tercera crítica se refiere al hecho de que Piaget consideraba más que nunca al sujeto en su aspecto individual, y no en una globalidad que incluyera la interacción social. Esta observación, formulada con frecuencia, resulta carecer de fundamento real. Citemos esta frase, que ilumina indiscutiblemente el hecho de que su proyecto no ignora en modo alguno la dimensión social sino que tiene un objetivo distinto:

> Si la acción interviene así en la estructuración de las operaciones lógicas, es claro que debe reservarse una parte al factor social en la constitución de esas estructuras, pues el individuo jamás actúa solo, sino que se socializa en grados diversos [SP, p. 147].

Felizmente, la vida de un ser humano no depende sólo de las leyes de la lógica formal. Si bien es exacto que lo verdadero no determina la totalidad de la existencia, también lo es que lo verdadero no se opone a lo hermoso. La lógica y la estética no se excluyen. Uno puede enseñar matemáticas e interesarse en la fotografía, apreciar la compañía de los niños, escribirles cuentos. Puede dedicar su vida a la lógica y construir una casa con sus propias manos.

Sin embargo, debemos observar una tendencia. Numerosos sectores profesionales evolucionan hacia la necesidad de los actores de desarrollar conductas lógicas. La informatización produce una nueva calificación de los asalariados, que define nuevas formas de trabajo, nuevas responsabilidades. En los empleos hasta ahora técnicos y prácticos, regulados por la intuición y la experiencia, cada vez se requiere más que existan capacidades para emitir hipótesis, redactar balances, formular proyectos. El empleo de sistemas expertos o de tecnologías sofisticadas requiere que el empleado ya no se limite al simple papel de ejecutante. Se le pide a menudo que lea y que confeccione organigramas, que efectúe elecciones algorítmicas, que tome decisiones, etc. Todas estas situaciones apelan a las aptitudes lógicas. La implicación de esta observación no puede dejar indiferentes a los profesores. Sin embargo, uno se equivocaría al concluir rápidamente que la enseñanza debe favorecer el formalismo. Piaget no ha dejado de repetir que construir la abstracción no podría hacerse de modo abstracto. Los esquemas de acciones son los primeros vectores de la construcción formal. En el aula, la creación de situaciones motivantes facilita la adquisición de esquemas simples (en el ciclo 2 se trata de identificar, de ordenar, de definir. . .) o más complejos (en el ciclo 3 clasificar, seriar, incluir. . .), y esto contribuye al proyecto de construcción del pensamiento hipotético-deductivo.

¿Puede la escuela favorecer la construcción de la lógica?

Al revés de lo que se repite a menudo, Piaget no es el promotor de la enseñanza de las matemáticas modernas. Incluso fue severo con ciertas prácticas en este campo. Esta observación plantea la pregunta de las relaciones entre didáctica e investigación teórica. Tomemos algunos ejemplos sencillos. ¿Cómo establecer una sinergia entre aprendizaje y elementos psicológicos, a la luz de los estudios de los investigadores que desarrollan el concepto de interacción social y establecen el vínculo entre Vygotski y Piaget? Muestran que se enriquece el aprendizaje cuando éste se inscribe en el marco de un intercambio entre los miembros de una pareja. ¿Cómo establecer una congruencia entre aprendizaje, remediación y desarrollo de las estructuras lógicas? Las investigaciones de Pierre Vermersch sobre los registros cognitivos empleados y los textos de Pierre Higelé, creador de los ARL, exploran caminos pertinentes. Estas preguntas y sus implicaciones prácticas serán desarrolladas en los párrafos que siguen.

Aprendizaje y teoría piagetiana

Escribimos en varias ocasiones que la teoría de Piaget se refería al desarrollo de las estructuras cognitivas, y no al aprendizaje. Sus textos tratan sobre epistemología, y no sobre pedagogía. Sin embargo, se hicieron numerosos intentos para practicar una enseñanza con ideas nuevas. Unos corrieron con más suerte que otros. La epistemología reconoce que ciertas prácticas sólo integraban escasos elementos conceptuales fundamentales: "muchos educadores se engañan creyendo que están aplicando mis principios" (PAE, p. 5). Muchos de ellos sólo conservan del método activo una pseudoactividad ajena a toda finalidad operativa. "Se conforman con mostrar unos objetos sin permitir que los niños los manipulen o, peor aún, dan de ellos una representación audiovisual (imágenes, películas, etc.), y cometen el sorprendente error de creer que el simple hecho de percibir los objetos y su transformación equivale a la acción directa del niño durante su propia experiencia" (*ibidem*, p. 6).

En las líneas que siguen no se trata de definir un didáctica que sería la interpretación verdadera de una doctrina que remediaría supuestamente todos los problemas enfrentados por la enseñanza. Considerar "un programa de enseñanza piagetiana", según la frase de Papert, es más o menos tan absurdo como querer enseñar la lógica formal a niños de 6 años. La tarea consiste más bien en presentar experiencias realizadas, iniciar una reflexión, proponer algunas pistas que se adapten a la escuela. Precisemos, para el lector deseoso de profundizar la cuestión, que se realizaron experimentos en los Estados Unidos (Nueva York, Nueva Jersey) y en Canadá (Toronto, Halifax) entre los años setenta y ochenta. Casi todos fueron iniciados por psicólogos que habían trabajado en el Centro Internacional de Epistemología Genética de Ginebra. Un cierto número de estas prácticas aparece en la obra *Piaget à l'école*, de Schwebel y Raph.

Una de las primeras preguntas que surgen es: ¿cómo es posible trasponer una teoría del desarrollo al terreno del aprendizaje? Pensamos que conviene releer a Bärbel Inhelder, con ese texto muy importante publicado en 1974 en colaboración con Hermine Sinclair y Magali Bovet. Según ellas, la creación de métodos rigurosos y adaptados al nivel cognitivo del niño puede activar el desarrollo de los esquemas. Anotan que uno de los factores necesarios para la creación es la presencia de un conflicto que origine desequilibrios, y que éstos "inciten al sujeto a rebasar su estado actual para buscar nuevas soluciones" (1974, p. 321). El segundo aspecto sobre el que insisten las colaboradoras de Piaget es la obligación de conocer de manera precisa el estado cognitivo inicial del alumno.

De este principio derivan varias consecuencias. Por una parte la necesidad, antes de iniciar el aprendizaje, de preparar una evaluación. Ésta permite conocer el nivel operativo de los alumnos y saber cuáles operaciones lógicas se dominan y cuáles no. Por otra parte, admitir que no todos los alumnos interesados tienen el mismo estado inicial ni evolucionan igual. El concepto de aprendizaje diferenciado adquiere toda su actualidad. Recordemos que algunos alumnos actúan mediante un modo de producción, otros mediante un modo de consumo. Durante el trabajo de grupo la secretaría funcionará por turnos: esto satisface a los alumnos productivos, y los alumnos consumidores se ven llamados a desarrollar su punto débil en un contexto desdramatizado.

Añadiremos, con Anne-Nelly Perret-Clermont, que conviene considerar el aprendizaje en una confrontación que rebase la mera relación alumno-objeto del saber. Piaget hablaba, acerca de la pedagogía Freinet, y de modo más general de la nueva pedagogía, de coordinación general de las acciones, que "comprende necesariamente una dimensión social" (PP, p. 99). Desde entonces queda establecido que la interacción social es aumentativa, a reserva de no reproducir una situación de dependencia del tipo alumno-maestro. Cada alumno enriquece al otro, con la condición de conservar una proximidad cognitiva, como lo precisa Vygotski.

El papel del profesor consiste en una presencia que se desdibuja cuando los alumnos están en la fase de investigación y que interviene cuando lo solicitan urgentemente. Cumple una función de observador, principalmente cuando el alumno es activo. "Para poder diagnosticar el nivel de comprensión y la capacidad de funcionamiento del niño, es importante observar el proceso" (PAE, p. 167). Ya no se trata de imponer, como en esquemas pasados, ni siquiera de inducir, la única respuesta correcta. Hay que ayudar al alumno a desarrollar su razonamiento dejando que titubee, observando su método, haciéndolo verbalizar alrededor de su producción, admitiendo sus errores.

CUADRO III.6. *Construir una secuencia en una perspectiva constructivista*

Principios	Desarrollo	Comentarios	Ejemplos
Evaluación previa	Investigación inicial para elegir las nociones o las operaciones lógicas que se trabajarán	Conocer bien el nivel cognitivo al principio (y al final) del aprendizaje	¿Qué conocimiento de los polígonos tienen los alumnos? ¿Dominar la inclusión lógica?
Situación activa propuesta	Propuesta de una situación susceptible de crear un conflicto cognitivo	Provocar un desequilibrio, una interrogante, para iniciar la búsqueda de nuevas soluciones	Formular una pregunta como: *¿El triángulo equilátero es un triángulo isósceles?*
Estrategias desarrolladas	Diferenciación para que cada alumno trabaje en relación con su forma de aprendizaje: desarrollar las complementariedades producción/consumo	Prever fases: individual, dual y/o grupal, con la producción de una representación escrita o gráfica que se discutirá colectivamente	Tiempo limitado para: una reflexión individual (manipulación, dibujo) y la formación de un grupo (de 2 o de 4) que debe producir un documento escrito
Papel del maestro	Presencia efectiva para dejar que los alumnos busquen facilitar la comparación de las producciones. Incitar los periodos de latencia	Tener una función mediadora (establecer la situación, ayudar cuando se necesite, observar el desarrollo). Hacer que el alumno cobre conciencia de	El objetivo es lograr una respuesta argumentada, construida tras la búsqueda individual y la discusión entre los alumnos

	(darse el tiempo de pensar). Hacer que se produzca sentido	las iniciativas que construye. Constituir, gracias a los referentes colectivos, una cultura común	
Evaluación final	Proponer, en trabajo individual o grupal, un ejercicio de evaluación. Verificar la capacidad de transferencia y no el anclaje en la tipicalidad. En caso de dificultad, considerar una entrevista individual o de dos alrededor de una manipulación	Situación que permite, a partir de una estructura lógica idéntica, evaluar la competencia estricta. Considerar otras formas de transferencia. Identificación de las estructuras deficientes con el método clínico creado por Piaget y Vermersch	Formular una pregunta como: *¿Son rectángulos todos los cuadrados?* Diálogo a partir de trazos realizados directamente por el alumno

Hay que reconocer ahora que el establecimiento de esos métodos activos es difícil de iniciar. Piaget estuvo perfectamente consciente de ello y reconocía que dichos métodos "le piden al maestro un trabajo mucho más diferenciado y mucho más atento" (PP, p. 96). Desarrollaba su reflexión en direcciones que conservan su actualidad:

una pedagogía activa supone una formación mucho más adelantada, y si no conoce lo suficiente la piscología del niño (para las ramas matemáticas y físicas, si no conoce bastante las tendencias contemporáneas de esas disciplinas), el maestro no entiende bien las iniciativas espontáneas de los alumnos, y no logra sacar partido de lo que considera insignificante y simple pérdida de tiempo [PP, p. 97].

Hay que admitir que el epistemólogo abrió un debate que aún perdura. La ley de orientación, al fijar una nueva filosofía del aprendizaje en la escuela, realiza un paso importante. Al elevar el nivel universitario de reclutamiento de los profesores inicia un movimiento positivo. Sin embargo, persiste el problema de la duración de la formación profesional. El escaso tiempo disponible no permite abordar la didáctica desde un punto de vista realmente epistemológico. Persiste también una interrogante, ante las nuevas formaciones iniciales, acerca del ejercicio de la polivalencia del profesor escolar. Parece difícil conservar este modo de funcionamiento en el nuevo contexto. El debate, iniciado por Piaget en su texto de 1965, está lejos de haber concluido.

Para sintetizar esta parte, relativa a la manera de activar el desarrollo de los esquemas con procedimientos didácticos sencillos, damos el ejemplo de un desarrollo ilustrado con un trabajo de geometría.

Actividades que favorecen la construcción de los esquemas lógicos

Hablar de lógica remite a la abstracción. En varias ocasiones señalamos que no se debe confundir, sin embargo, la enseñanza impartida de modo abstracto, como fue el caso durante décadas, incluso con los más pequeños, con la construcción activa de la abstracción. "[El] saber abstracto y formal es una fuente importante de discriminación, si no es que de absoluta opresión", escribe Seymour Papert (1994, p. 148). La enseñanza abstracta, puramente verbal y libresca, en que el alumno desempeña el papel de consumidor, reproduce el modo de pensar del adulto. El alumno supone que dicha enseñanza es comprensible, ya que en esta orientación pedagógica él tiene que alcanzar el nivel conceptual del maestro. Por el contrario, Piaget muestra que las estructuras lógicas se construyen con la acción, según un desarrollo invariable. Por eso es inútil considerar la enseñanza formal y magistral de la seriación o de la clasificación para alumnos de escuela primaria. En cambio, cognitivamente, proponer situaciones que apelen a esas operaciones lógicas puede ser provechoso.

Papert incluso va más lejos al proponer "que se estudien las estructuras intelectuales que podrían desarrollarse en el niño, al revés de las que se desarrollan efectivamente en el momento actual" (1981, p. 200). Concluye que es necesario concebir momentos y objetos de aprendizaje que faciliten su elaboración. Recordemos que Papert creó el lenguaje informático Logo, que se inscribe en esta visión. Logo es una herramienta que permite abordar provechosamente situaciones lógicas. En la medida en que lo permita el contexto, disponer de una computadora en el aula, así como existe un rincón para la lectura, puede ser benéfico para el desarrollo de la autonomía. Se le puede plantear a un grupo de alumnos un problema de construcción de Logo; la computadora se emplea como herramienta de verificación, sin la presencia del profesor.

Nos parece que se pueden establecer todas las situaciones verbales con las que se busca la construcción de la lógica. Todo el mundo conoce los grandes principios de la lógica aristotélica fundada en la identidad, la no contradicción y el tercero excluido. Es posible, naturalmente, introducir elementos que no pertenecen a la lógica de Aristóteles. Es el campo de la lógica modal y la borrosa. Afirmar que "nevará el año próximo" es una proposición que no se puede resolver con sí o con no. El parámetro de indecisión es un valor por admitirse, pues con mucha frecuencia las situaciones escolares proceden de manera binaria y se resuelven con "verdadero o falso". Nos parece que la vida cotidiana se presta a esos juegos verbales lógicos. Por ejemplo, emplear la noción de clase, los conectores "algunos" y "todos", el "y" y el "o", en situaciones diversificadas: algunos alumnos comen en el refectorio de la escuela; algunos se quedan en la sala de estudios, etc. La clase A de los alumnos, que reúne a los que comen en el refectorio y se quedan en la sala de estudios, ¿es la misma que la clase B de los alumnos que comen en el refectorio o se quedan en la sala de estudios?

Abordaremos ahora un trabajo que se puede aplicar sistemáticamente a partir de los talleres de razonamiento lógico (ARL, por sus siglas en francés), que fueron concebidos por Pierre Higelé.

Hacia fines del decenio de los años sesenta un método, destinado a los adultos de bajo nivel de calificación y que están recibiendo cursos de reconversión, realiza una elección innovadora. Los ejercicios se centran en la reconstrucción de las operaciones intelectuales y no en la repetición de saberes y de técnicas. Su promotor, Pierre Higelé, hace extensiva la experiencia a otros sectores de actividad y a otras poblaciones. Así nace, en 1982, una versión de los ARL, que no pretende ser ni remedio milagroso ni producto de sustitución de saber. El principio se refiere a la teoría del desarrollo cognitivo de Piaget, extendida a la interacción social. Se le da primacía a la acción del alumno. Los ARL no consisten entonces en enseñar la axiomática; proponen situaciones que crean operaciones lógicas. Lo importante no es el resultado obtenido (finalidad del "actuar sobre") sino el modo de obtenerlo (finalidad del "pensar en"). Lo que tiene preferencia es la conducta del alumno, expresada mediante la interiorización de mecanismos inferenciales internos.

Los ejercicios se reparten en 16 series organizadas en torno a dos niveles operativos.

En el nivel concreto, se ofrecen cinco temas de trabajo:
  descubrimiento y manipulación de bloques lógicos
  ejercicios centrados en la estructura de relación: transitividad, doble transitividad, transitividad generalizada y árbol genealógico

ejercicios ligados a la estructura de clase: clasificación, inclusión concreta, clasificación generalizada
ejercicios ligados a la combinatoria
ejercicios relativos a la proporcionalidad cualitativa

En el nivel formal, se trabajan tres temas:
operaciones proposicionales: el empleo de y/o, la inclusión formal, la implicación
combinatoria formal
proporcionalidad

Aunque concebidos para adultos o adolescentes, es posible adaptar los ARL al contexto del ciclo 3 escolar. Pueden inscribirse en el tiempo institucionalmente previsto para los estudios dirigidos. Durante la media hora cotidiana del taller el desarrollo se presenta alrededor de cuatro etapas:

1) Entrega de la ficha de ejercicios al alumno. Cada uno tiene unas fichas que puede utilizar según sus necesidades. La lectura individual está seguida de un tiempo latente. El maestro responde a las eventuales preguntas para que el sentido de ciertas palabras no bloquee el razonamiento.

2) Búsqueda construida de modo individual, e incitación para producir rastros gráficos que permitan seguir las etapas del razonamiento.

3) Intercambios orales en grupos pequeños (de dos a cuatro alumnos como máximo) en torno a estrategias de resolución.

4) Ajuste colectivo, durante el cual no se trata de dar el método correcto, sino de mostrar que, muy a menudo, se pueden considerar varios modos de resolución para lograr una respuesta pertinente.

El maestro cumple una función particular en las fases 3 y 4, pues desempeña un papel de incitador, de facilitador, de acompañante o de mediador. Como ejemplo, proponemos cuatro ejercicios ligados a cuatro temas diferentes de los ARL.

Ejercicio ligado a la combinatoria. Delante de ti hay unas fichas con cuatro colores distintos. ¿Cuáles son todos los grupos de dos colores distintos que puedes hacer? (usa, si es necesario, las fichas).

Ejercicio en relación con la transitividad (estructura de relación). Este año los pescadores recogieron menos macarelas que arenques. Pescaron más macarelas que atunes.
¿Cuál es el pescado que más recogieron?

Ejercicio en relación con la estructura de clase. Realiza y dibuja una colección de 9 fichas, que debe incluir 4 cuadrados, 2 rojas, 5 redondas, 2 amarillas.
Se pueden manipular las fichas.

Ejercicio en relación con y/o (operaciones formales). En la representación que sigue hay cuatro casillas numeradas. Cada una contiene objetos geométricamente diferentes. Lee con atención y contesta las preguntas.
¿En qué casilla(s) hay fichas cuadradas y fichas negras?
¿En qué casilla(s) hay fichas redondas y fichas blancas?
¿En qué casilla(s) hay fichas cuadradas o fichas negras?
¿En qué casilla(s) hay fichas redondas o fichas blancas?

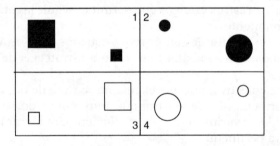

Los ejercicios están descontextualizados. Tienen escasa relación con los contenidos disciplinarios abordados en el aula. Incluso varias series tienen una relación directa con las formas lógicas mismas. En cada situación el alumno puede manipular, dar una representación verbal o gráfica, inferir mentalmente. Proponer situaciones que rompen con los con-

CUADRO III.7. *Los ARL en la escuela*

Procedimientos	Ventajas	Límites eventuales	Regulaciones posibles
El procedimiento atañe al núcleo lógico del saber	Centramiento del aprendizaje en un aspecto estructurante esencial	El alumno se considera únicamente como sujeto epistémico	Establecimiento de los procedimientos interactivos entre los alumnos
Construcción del razonamiento inferencial	Trabajo profundo a partir de una rigurosa progresión	El alumno está encerrado en un solo modo de pensamiento	Desarrollo paralelo de situaciones que favorecen la inducción
Modelización de las secuencias en torno a un desarrollo recurrente	Seguridad de un marco contextual invariable	Fijación de los comportamientos sobre un tipo idéntico de procedimiento	Variación de las estructuras lógicas encontradas (enunciados y preguntas)
Contenidos de los enunciados descontextualizados	Descentramiento ante los contenidos disciplinarios	Corte de lo real escolar habitual	Establecimiento progresivo de situaciones de transferencia
Resolución de los ejercicios a partir de fichas individuales	Flexibilidad en el empleo del soporte: papel-lápiz	Riesgo de limitar al alumno a una sola conducta cognitiva	Posibilidad de variar los soportes (manipulación, grafismo, reflexión)
Trabajo en interacción: alternancia de fases individuales, grupales y colectivas	Desarrollo del descentramiento de los puntos de vista propios y de la capacidad de argumentación	Especialización de las tareas de cada uno en el seno del grupo (producción, consumo)	Modificación de la composición de los grupos de trabajo y de la tarea de cada alumno en el grupo

[193]

tenidos disciplinarios evita la cristalización en contextos demasiado típicos, de los que el alumno se separaría con dificultad. Proponer ejercicios descontextualizados tiene que ver entonces con otro problema del aprendizaje, el de la transferencia.

Para un análisis más detallado sobre los ARL es posible remitirse a la publicación original de Pierre Higelé (1982) o bien a nuestro libro anterior (Perraudeau, 1996, en particular pp. 87-99, en el que presentamos y comentamos diez ejercicios destinados a los alumnos del ciclo 3).

El cuadro de síntesis permite apreciar los aportes aumentativos de la práctica de los ARL. Están concebidos de modo bastante flexible como para que la regulación interna del taller pueda rechazar cualquier límite que aparezca.

Un último punto que evocaremos es el de las evaluaciones. Los ARL, como los otros métodos lógicos, todavía se utilizan poco en la escuela primaria. Sin embargo, notemos algunos resultados obtenidos en un aula de CM 2, cuyos alumnos aprovecharon una experimentación de los ARL durante dos años. En el manejo por escrito de los conectores lógicos "algunos" y "todos", 23 alumnos de 26 emplearon directamente dichos conectores durante unos ejercicios de evaluación propuestos al final del año. En ese mismo grupo, el 100% resuelve correctamente el *test* de Burt (las muchachas y sus cabellos más o menos oscuros). Piaget habla de éxito en uno y otro caso a los 12 años, es decir cuando el pensamiento se ha vuelto hipotético-deductivo. Estas cifras son los primeros resultados de una experiencia más amplia. No tienen una significación definitiva, pero parecen indicar el efecto aumentativo sobre los alumnos del ciclo 3 en la práctica de los ARL. Notemos también algunas investigaciones conexas ligadas al dominio de la inclusión en los niños de edad primaria, y dirigidas por Bideau y Houdé. Parece un hecho establecido que ciertas condiciones de entrenamiento permiten observar, en niños de 8 años, "respuestas que normalmente aparecen sólo hacia los 11 años" (1991, p. 104). Estas distintas observaciones, que apuntan en el mismo sentido, son un primer paso alentador.

Ciertamente hay que realizar un trabajo muy importante en el terreno de la construcción de las operaciones lógicas, y la escuela no puede permanecer ajena a la investigación. Piaget habló a menudo de la función del investigador como parte integrante de la función del profesor. A partir de la ley de orientación, es grande la responsabilidad de los actores de la educación: tienen que proponer situaciones activas, rigurosamente pensadas, que favorezcan la elaboración de las estructuras operativas, constituyentes fudamentales del desarrollo cognitivo. El trabajo concertado y el intercambio de aptitudes son una alternativa enriquecedora para las interrogantes y los límites individuales.

CONCLUSIÓN

Los paralogismos tienen una vida difícil. Desde Galileo, hace ya cuatro siglos, sabemos que la tierra gira alrededor del sol. Ahora bien, el lenguaje, conservador del pensamiento mágico, museo de las antiguas creencias, siempre habla del sol que sale y que se pone. Ante los amables lugares comunes de la pedagogía y sus incorregibles paralogismos, la obra de Piaget constituye un cambio completo en las ideas en el sentido de Galileo y de Descartes, una *tabula rasa* en la que ya nada se puede considerar como antes. Los argumentos del constructivismo adquieren un carácter indudablemente apodíctico. Sirven como fundamentos consecuentes para una práctica orientada hacia la actividad real del alumno. El conocimiento no se origina en la mera percepción, sino en la acción. El sujeto epistémico, en sus invariables, permite entender al sujeto individual con sus diferencias, al alumno con sus conductas plurales.

Recordemos algunas consecuencias pedagógicas tomadas de la lectura de los textos piagetianos que presentamos en este libro:

Las nociones instrumentales abordadas no se pueden estudiar de modo aislado. Para poder asegurar una comprensión estable de ellas, cada una debe ser vinculada, hacia arriba, con su definición conceptual, y hacia abajo, con su pertenencia inclusiva. Por ejemplo, el complemento circunstancial se define a través de su función y está incluido en una subclase de la clase de los complementos.

El profesor no debe abordar con demasiada confianza las nociones a partir de prototipos demasiado marcados en su forma, para evitar que el objeto sea asimilado exclusivamente con la forma e impida que el concepto se construya. Así, conviene proponer frases en las que el sujeto no siempre va antes del verbo.

Los alumnos desarrollan, cada vez más, conductas cognitivas distintas entre sí. Ante la heterogeneidad de las clases, se hace necesario diferenciar soportes y modalidades. Hay que pensar que la representación gráfica de una situación propuesta permite dilucidar el pensamiento y favorece la comunicación entre los alumnos.

El profesor puede aprovechar los estudios dirigidos para incluir momentos dedicados a entrevistas, de modo dual, en grupo pequeño, a partir del método clínico en que la verbalización acompaña a la acción directa. Es la posibilidad de localizar una dificultad y de establecer tiempos de remediación individual. La organización interna del ciclo favorece su pertinencia al eliminar las separaciones.

Reconozcamos que la vida en la escuela no siempre es fácil. Los maestros a veces se sienten desprovistos, como "equipados para una expedición polar con ropa de verano y mapas de lagos italianos", según la frase célebre de Freud. Sin embargo, a partir de la ley de orientación de 1989 papeles y funciones se han clarificado. La nueva misión del equipo docente favorece la estructuración del saber, asegura su coherencia, facilita la construcción o la reconstrucción operativa para todos y define una plataforma común de cultura fundamental para todos los alumnos.

Esta obra ha mostrado que sería erróneo considerar el pensamiento piagetiano como una teoría congelada que explica de una vez por todas cualquier proceso que se refiera a la elaboración del conocimiento. Dicho pensamiento generó una profusión de textos. La curiosidad y la investigación deben permanecer constantes. Necesitamos recordar este consejo de Piaget, quien consideraba que los signos de interrogación que aparecen a diario, frutos de un cuestionamiento razonado, son siempre "más valiosos que las soluciones adquiridas". El objetivo final de la escuela primaria, como decíamos, ha evolucionado considerablemente. Al validar la idea constructivista, impulsa una dinámica del aprendizaje profundamente innovadora. El inicio auténtico de la actividad del alumno, actividad socializada, es un factor de activación mental que

lleva a formar el pensamiento crítico y la reflexión discursiva
en el niño.

Piaget tenía en alta estima la función de la enseñanza. En
sus conferencias siempre saludaba a los que la ejercían. Cerremos entonces estas páginas con un homenaje del epistemólogo a esos actores esenciales que son los profesores de la
escuela primaria. "Es en y por medio de la investigación que
el oficio de maestro deja de ser un simple oficio, e incluso rebasa el nivel de una vocación afectiva, para adquirir la dignidad de todas aquellas profesiones que dependen a la vez del
arte y de la ciencia" (*Psychologie et pédagogie,* p. 177).

GLOSARIO

Los conceptos esenciales de la epistemología constructivista plantean a menudo un problema de comprensión. Poder tener acceso a los textos de Piaget supone un ajuste semántico mínimo mediante la explicación del vocabulario. Por una parte, el sentido empleado puede contradecirse con el sentido usual. Es el caso de *egocentrismo*. Por otra, algunas palabras, específicas de la ciencia piagetiana, no aparecen en los diccionarios usuales. Es el caso de *conflicto cognitivo*. Por estos motivos, nos parece útil reunir las definiciones inevitables. De las 73 nociones clave definidas en este léxico, se ilustran las más importantes, con su uso didáctico.

ABSTRACCIÓN REFLEJANTE

Es un proceso referido a los esquemas. Le permite al individuo construir su pensamiento al insertar lo real en un marco intelectual reorganizado en un nivel superior. El descubrimiento, por parte del niño, de las propiedades que aplica al objeto y de las relaciones que ligan a los objetos; su capacidad de comparar, de enumerar, de ordenar, se inscriben en este proceso. La abstracción reflejante comprende dos aspectos: el "reflejamiento", que Piaget define como proyección en un nivel superior de lo que se transfiere desde el nivel inferior, y la "reflexión", que es la reorganización estructural en el nivel superior.

ABSTRACCIÓN SIMPLE (O EMPÍRICA)

Se refiere únicamente a los objetos. El descubrimiento de las propiedades que pertenecen al objeto de conocimiento es una manifestación de la abstracción simple. Por ejemplo, cuando un niño pequeño descubre, al jugar, que el Lego es sólido y colorido, se trata de un proceso vinculado con la abstracción

simple. Precede a la abstracción reflejante. Jean-Jacques Ducret presenta el carácter aristotélico de la abstracción simple
como sigue: "en oposición a la abstracción reflejante, en que
las propiedades [. . .] se deberían a la actividad organizadora
del sujeto (por ejemplo, los siete días de la semana), las propiedades extraídas por abstracción simple serían inherentes al
objeto mismo (por ejemplo: ser rojo)" (1990, p. 154).

ACCIÓN

La acción es una forma de adaptación al medio, una transformación de lo real, hecha posible por el intermedio de los esquemas motores. Es una actividad motriz más invertible que
reversible: el niño que va de un punto a otro es capaz de efectuar el camino inverso. Cuando se interioriza, la acción se
convierte en operación y construye los conceptos.

ACOMODO

En la fase de aprendizaje, cuando un nuevo esquema no puede integrarse directamente al conjunto de la estructura mental, esto implica ya la creación de una nueva estructura, ya
la reorganización profunda de la antigua estructura. En ambos casos el proceso resulta de una fuerte desestabilización
cognitiva. Se llama acomodo, que es una especie de reverso de
la asimilación. Hay un ejemplo en la gramática, cuando el
alumno descubre el concepto de atributo del sujeto. Se opone
al de complemento de objeto directo y obliga al alumno a restructurar su pensamiento. La nivelación del concepto de atributo resulta por lo tanto del acomodo de una conducta mental a la nueva situación y de la asimilación de los contenidos
a los que remite. Se puede entender que cada alumno inicie
esos procesos complejos con un ritmo propio. La no integración de un nuevo concepto no implica, por lo tanto, el establecimiento de un refuerzo nocional. Es preferible considerar
una diversificación de los modos de aprendizaje, para que la
variedad de las situaciones permita desencadenar un proceso
de acomodo más estable.

ACTIVIDAD

La actividad puede tomar distintos caminos. Puede reducirse a la percepción, es decir a una toma de información relativa a los componentes del objeto de conocimiento. La actividad puede adoptar otra vía, la de la acción. La acción es el ejercicio de una transformación de lo real. La acción interiorizada se vincula más con los atributos esenciales que identifican al objeto al definirlo como un concepto. La acción es, en consecuencia, la actividad fundadora del saber.

ADAPTACIÓN

La adaptación es el hecho, para el sujeto, de registrar las modificaciones a partir de la interacción que desarrolla con la realidad. Para Piaget la adaptación resulta de "el equilibrio entre la asimilación y el acomodo" (CLP, p. 71). A diferencia de otros autores, no define la adaptación como un proceso orientado sólo hacia el objeto, sino más como un proceso global con dos polos indisociables. Por una parte, el individuo interviene en la realidad (es la asimilación); por otra parte, el objeto ocasiona modificaciones en el funcionamiento cognitivo del individuo (es el acomodo).

APRENDIZAJE

Una primera definición consiste en precisar que aprender es saber lograr algo. Este primer sentido del aprendizaje está imbricado con un segundo, más amplio. Se refiere no sólo a la experiencia del individuo, sino también a la manera como esta experiencia se construye, lo cual, en el lenguaje piagetiano, se llama esquemas y estructuras. También en este terreno aprender no depende de la relación única con el objeto de conocimiento, sino que depende directamente del objeto en cuestión. Aprender rebasa por lo tanto el mero problema de un contenido de conocimientos o de un método pedagógico. El aprendizaje se relaciona en primer lugar con el desarrollo cognitivo del alumno, estudiado por Piaget en el concepto de etapa. Es en función del desarrollo que el maestro puede determinar un contenido y el modo de adquirirlo. Para dominar un mismo contenido, algunos alumnos necesitarán una fase de manipulación prolongada, mientras que otros se conformarán con representaciones abstractas.

ASIMILACIÓN

En la fase de aprendizaje, la asimilación es la incorporación de un esquema a una estructura operativa existente. Para Piaget "es el hecho de que un estímulo del medio exterior, un excitante cualquiera, sólo puede actuar y modificar una conducta en la medida en que es integrado a estructuras anteriores" (CLP, p. 69). A diferencia de su contrario —el acomodo—, que es creación de una nueva estructura y reorganización estructural profunda, la asimilación desestabiliza poco. Modifica menos al sujeto y reorganiza más el objeto. Un ejemplo de asimilación se puede dar con la creación de la noción de complemento de objeto integrado al esquema mental más amplio de los complementos.

CAUSALIDAD

De igual modo que otros grandes terrenos —el tiempo o el espacio—, la causalidad se construye de manera concomitante a las operaciones. La causalidad sensomotriz está bastante indiferenciada. Más tarde, hacia los 3 o 4 años, se elabora una etapa en que la causalidad se refiere a la acción propia. Finalmente, gracias al descentramiento y al desarrollo de las operaciones concretas y después formales, "la causalidad se vuelve asimilación a las estructuras inferenciales" (LC, p. 614). Piaget nota una "solidaridad estrecha" entre causalidad y composición operativa como la conservación. Menciona el ejemplo del niño que emplea la causalidad por deducción de lo real. Entiende que el azúcar disuelta siempre está presente en el café sólo cuando ha adquirido paralelamente la idea de la conservación de las sustancias.

CENTRAMIENTO

El centramiento es un anclaje del individuo a su propio punto de vista. Piaget indica que marca una etapa en la construcción de las operaciones lógicas. Es una conducta que puede ser útil localizar en un niño para ayudarlo a superarla. Entre los indicadores, el problema de la inclusión es bastante significativo. En una situación que representa un ramo de flores compuesto de siete margaritas y de tres rosas, se plantea la pregunta para saber si hay más margaritas que flores. La respuesta "hay más margaritas" depende menos de la falta de atención del alumno, como se admite apresuradamente, que de su incapacidad para realizar mentalmente una imbricación jerárquica. Él se centra de forma exclusiva en una subclase que todavía no puede situar en una clase más amplia.

CLASE

La clase es una colección de elementos con características comunes. Al revés del sentido usual que los hace sinónimos, en la lógica formal una clase es diferente de un conjunto. Todo conjunto es una clase; lo recíproco es falso. Piaget establece la diferencia entre ambos y precisa que el conjunto supone la construcción y la conservación del número. Para él hay clase cuando los elementos del conjunto poseen caracteres comunes.

CLASIFICACIÓN

La clasificación es una operación en varios niveles. La preclasificación de las colecciones figurales agrupa elementos con atributos idénticos (por ejemplo, los alumnos de una misma aula). La clasificación de las imbricaciones jerárquicas atañe la inclusión (por ejemplo, el alumno Marcos pertenece al aula de CP; esta aula, a su vez, está incluida en el ciclo 2, que está incluido en la escuela, etc.) En otro nivel, se define la clasificación ligada a la cuantificación: el grupo B de alumnos del aula de CP es más grande que el subgrupo A de los que comen en el refectorio, y A está incluido en B. Según Jean Piaget, la clasificación supone la inclusión lógica. Ésta se presenta bajo dos formas: la clasificación aditiva, como la imbricación de clases, y la clasificación multiplicativa, como el cuadro de doble entrada. Finalmente, la clasificación generalizada es una operación de fin de nivel concreto, que depende de una misma estructura que la clasificación multiplicativa.

Colección figural

Después de unas observaciones que efectuó, Piaget le llama colección figural al modo de ordenamiento prelógico empleado por los niños de la primera parte de la etapa preoperativa (de los 2 a los 4 años). Cuando se les da una serie de fichas con varias formas (redondas, cuadradas, triangulares) y de colores diferentes (amarillos, rojos, verdes, azules), se revelan incapaces de clasificarlos. Pueden reunir las fichas de una manera, pero pierden el interés por las demás formas. Pueden juntar dos fichas para hacer un objeto (por ejemplo, el cuadrado y el triángulo producen una casa), etc. La clasificación es una operación lógica que el niño de esa edad no puede realizar.

Combinatoria

La combinatoria, en el nivel concreto, agrupa combinaciones y permutaciones: las combinaciones posibles de los elementos A, B, C, son AB, BC y CA, suponiendo que AB equivale a BA. En el nivel formal, el agrupamiento ABC es distinto de CBA. En los ARL establecidos por Pierre Higelé hay una serie de ejercicios acerca de esta operación lógica. La situación que sigue depende de la combinatoria: tienes dos figuras disponibles: un círculo y un triángulo; también tienes dos colores: el azul y el rojo; ¿cuáles son todos los dibujos posibles que combinan una forma y un color?

Comprensión

Definir una colección en la comprensión es enunciar los caracteres comunes a los objetos o a los individuos de dicha colección. Por ejemplo, definir en la comprensión a los alumnos de CP equivale a extraer los caracteres comunes de cada uno: primer año de escuela elemental, descubrimiento de contenidos disciplinarios en relación con la lectura, probable escolaridad previa en jardín de niños, cuasihomogeneidad de clase de edad, etcétera.

CONCEPTO

El concepto es una idea abstracta, una entidad lógica, expresada en una palabra. Se define por atributos esenciales, invariables. Éstos no deben confundirse con los atributos secundarios, simples calificativos que resultan de la percepción. Afirmar que "el triángulo es una figura geométrica puntiaguda" es un calificativo secundario que no permite elaborar el concepto de triángulo. En cambio la acción (medir los ángulos y los lados), y su interiorización en una operación, permiten definir los atributos invariables que construyen el concepto.

CONFLICTO COGNITIVO

El conflicto es un desequilibrio que aparece cuando un objeto del medio o un esquema nuevo se oponen a un esquema mentalmente constituido. Su resultado se traduce en el paso de un estado de equilibramiento inicial a un estado de equilibramiento superior. Recordemos que estado inicial no significa comienzo: la idea de comienzo, como la de estado final, no tiene ningún sentido desde un punto de vista epistemológico. El desequilibrio que marca ese paso puede tener una débil amplitud. Entonces, se resuelve fácilmente con la integración del nuevo esquema a la estructura de la que dispone el individuo. Es el principio de asimilación. El desequilibrio puede ser más importante. En este caso, se resuelve mediante la reorganización estructural de los esquemas: es el acomodo. Según Piaget, la condición del desarrollo, su motor, es el conflicto o contradicción cognitiva. El mundo exterior, por los conflictos cognitivos que engendra, es "revelador principal", mientras que "la sola maduración no puede revelar nada" (T. G. R. Bower, P, p. 404). En este sentido, el conflicto cognitivo funda el constructivismo y se opone al maduracionismo.

CONFLICTO SOCIOCOGNITIVO

Varios investigadores piagetianos, como Anne-Nelly Perret-Clermont, han mostrado el modo como las interacciones sociales facilitan la elaboración de las estructuras del conocimiento del sujeto. "La acción común de varios individuos, al requerir la resolución de un conflicto entre sus diversos centramientos, desemboca en la construcción de nuevas coordinaciones en el individuo" (1981, p. 39). El concepto de conflicto sociocognitivo prolonga y aumenta aquel, piagetiano, de conflicto cognitivo. Los intercambios de dos y por grupos pequeños (en condiciones de rigor en cuanto a la finalidad, el establecimiento, la duración) se inscriben en este marco.

CONOCIMIENTO

Conocer no es sólo observar o representarse un objeto. Es darle un sentido a lo real, considerarlo en su forma actual, pero también en su forma pasada, y anticipar acerca de las diversas posibilidades. El conocimiento adquiere entonces dos formas complementarias: empírica, relativa a los objetos, y lógico-matemática, relativa a la toma de conciencia de las acciones sobre el objeto. El conocimiento, por lo tanto, no se resume en la percepción; resulta necesariamente de la interacción entre el individuo y el entorno. "El conocimiento [. . .] es una perpetua construcción por medio de intercambios entre el organismo y el entorno, desde el punto de vista biológico, y entre el pensamiento y el objeto, desde el punto de vista cognitivo" (CLP, p. 165).

CONSERVACIÓN

La conservación es una operación mental indispensable para la construcción de un pensamiento lógico. Es una operación que le permite al objeto existir independientemente de la percepción que tiene el niño de él. El descentramiento y la reversibilidad son condiciones para la conservación. Una de las primeras conservaciones es la constitución del objeto permanente. El objeto existe incluso cuando sale del campo visual del niño pequeño. Otro ejemplo es dado por la constitución de la conservación de los tamaños.

CONSTRUCTIVISMO

Es la posición filosófica de Piaget, quien no considera el conocimiento del medio ni como simple elemento exterior ni como predeterminado en el individuo. El conocimiento resulta de la construcción por medio de intercambios entre el individuo y el entorno. El constructivismo se distingue del empirismo y del positivismo. La experiencia, ahí, se considera demasiado cercana a la observación como para implicar la adaptación constructiva. La concepción piagetiana se opone también al innatismo, para el cual sólo la maduración, con el desarrollo del sistema nervioso, o la presuposición de dones iniciales, explican la capacidad de aprendizaje. El constructivismo considera, por el contrario, que la interacción entre el sujeto y su entorno, solo y en pareja, es el único modo productor de conocimiento.

CONTINUIDAD FUNCIONAL

Piaget distingue dos fenómenos en el desarrollo de la inteligencia. El primero, la continuidad funcional, es un proceso de adaptación permanente al medio. El segundo, la discontinuidad estructural, traduce la reconstrucción, etapa por etapa, de las estructuras operativas. Indica con ello que el paso de una etapa a otra no es suma de conductas y de experiencias sino constante reorganización de los esquemas en nuevas estructuras.

DESARROLLO

El desarrollo del individuo se traduce en la organización de sus conductas cuando interactúa con el entorno. El desarrollo de la inteligencia se construye en cuatro grandes periodos o etapas. Cada uno de ellos es resultado de la integración y de la reorganización del anterior. El equilibramiento es el mecanismo esencial de este desarrollo.

DESCENTRAMIENTO

El descentramiento es la coordinación de centramientos múltiples. Resulta de la toma de conciencia, por parte del niño, de su acción y de la posibilidad de invertir su acción. Se vuelve invertible en la etapa preoperativa, y reversible en la etapa operativa. Descentrarse es fuente de interiorización de las acciones, es la condición de la conservación y prepara la constitución de las posibilidades.

DESCONTEXTUALIZACIÓN

Descontextualizar significa proponer a los alumnos ejercicios de contenidos neutros, centrados en las estructuras lógicas. Es difícil, ciertamente, despojar un aprendizaje de todo contenido. Incluso un trabajo sobre los bloques lógicos puede provocar, con la presencia de caracteres no esenciales (color, tamaño), incidencias insospechadas. Sin embargo, ciertos métodos, como los ARL, tienden a descontextualizar los ejercicios en relación con los contenidos escolares. Se trata de evitar la reproducción de situaciones inductoras de fracaso, incluso de modo inconsciente. Al desenclavarse de los campos disciplinarios acostumbrados, uno de los objetivos apunta a desarrollar competencias transversales.

DISCONTINUIDAD ESTRUCTURAL

Piaget distingue dos fenómenos en el desarrollo de la inteligencia. La continuidad funcional es un proceso de adaptación permanente al medio. La discontinuidad estructural traduce la reconstrucción, etapa por etapa, de las estructuras operativas. Con ello indica que el paso de una etapa a la otra no es suma de conductas o de experiencias, sino constante reorganización de los esquemas en nuevas estructuras.

EGOCENTRISMO INFANTIL

El egocentrismo no podría confundirse con el sentido común que define al egoísmo. El egocentrismo intelectual es "una actitud espontánea" (LP, p. 69), que encierra al niño en su propio punto de vista, invalidando toda capacidad para descentrarse. Para Piaget el egocentrismo se opone a la objetividad. Es una conducta intelectual que se refiere al hecho de que el niño pequeño carece de las herramientas operativas que le permiten descentrarse y considerar otro punto de vista que el propio.

EPISTEMOLOGÍA

La epistemología genética se propone estudiar la significación de los conocimientos o de las estructuras operativas en su proceso de crecimiento. Es una investigación de carácter interdisciplinario, que plantea la pregunta: ¿cómo crecen los conocimientos? Para realizar ese proyecto Piaget precisa que esta perspectiva recurre a la historia de las nociones que operan en esas disciplinas, a su aspecto lógico y a su formación psicogenética.

EQUILIBRAMIENTO

El equilibramiento es un proceso que armoniza la complementariedad entre asimilación y acomodo. El equilibramiento (proceso) permite el equilibrio (estado) entre ambos. El equilibrio en cuestión no necesariamente es fijo, pues siempre está sometido a la interacción entre sujeto y entorno. El equilibramiento es, entonces, el proceso por medio del cual se desarrollan capacidades operativas cada vez más elaboradas.

EQUILIBRIO

Piaget define el equilibrio a partir de tres criterios. El primero es el de la estabilidad, que puede ser más o menos fija. El segundo es el de la modificabilidad. Las compensaciones que resultan de la acción del sujeto como respuesta a las perturbaciones exteriores engendran modificaciones. El tercer criterio de equilibrio es el de la actividad creada para anticipar las perturbaciones exteriores. Ilustra el tema del siguiente modo: "El equilibrio moral de una personalidad supone una fuerza

de carácter para resistir a las perturbaciones, para conservar
los valores a los cuales uno está apegado" (SP, p. 173).

ESQUEMA

El esquema se entiende como la parte de la acción o de la operación que es transferible a otras acciones u otras operaciones. Los esquemas se construyen mediante la acción del niño
sobre el medio, acción directa o mentalizada. Se organizan en
estructuras que se reorganizan por completo con el paso de
una etapa a la otra. Por ejemplo, "los esquemas sensomotores
se relaboran en el plano de la representación en esquemas
simbólicos" (Dollé y Bellano, p. 101).

Los esquemas primarios se derivan de los reflejos: ver, asir,
chupar, gritar. . . Los esquemas secundarios provenientes de
los anteriores son más elaborados: jalar, sacudir. . . A su vez,
generarán esquemas cada vez más elaborados.

ESTRUCTURA

La estructura es un sistema que presenta leyes de organización que reúnen las conductas en un nivel de desarrollo dado.
Se elabora en la interacción entre el sujeto y el objeto. En la
etapa sensomotriz el grupo de los desplazamientos constituye
la estructura de las conductas motrices. En la etapa de las
operaciones concretas se elabora la estructura de las relaciones y de las clases. Finalmente, en la etapa hipotético-deductiva el grupo INRC representa una estructura específica de las
operaciones formales. A través de ese desarrollo se dibuja la
perspectiva constructivista de Piaget. Para él las estructuras
no están preformadas ni dadas *a priori*. "Pienso que todas las
estructuras se construyen, y que el hecho fundamental es ese
desarrollo de la construcción" (CLP, p. 63).

En sentido estricto, el estilo de aprendizaje remite de nuevo
a la definición dada por Lerbet y Gouzien, para quienes existe, en cada alumno, un modo personal de funcionamiento
cognitivo. Paralelamente, cada profesor tiene su propio estilo
de enseñar. Las disyunciones que intervienen entre ambos
pueden generar dificultades en el proceso de aprendizaje.

En sentido amplio, el estilo de aprendizaje comprende aptitudes y rasgos de la personalidad del alumno. El estadunidense Witkin, por ejemplo, definió el estilo cognitivo que se expresa mediante la dependencia o la independencia hacia el campo. Un alumno cuyo modo de funcionamiento depende del campo tiende a confiar esencialmente en las informaciones de origen externo. Por el contrario, el alumno que no depende del campo confía sobre todo en las informaciones elaboradas por él mismo. Antoine de La Garanderie definió el concepto de perfil pedagógico del alumno. Cada uno desarrolla costumbres evocadoras que funcionan a partir de imágenes mentales. Son esencialmente de dos tipos: visuales y auditivas.

Otros investigadores también han definido el comportamiento cognitivo del alumno bajo el ángulo de dominantes opuestas. Recordemos, por ejemplo, a Lerbet y Gouzien, quienes hablan de conductas de producción (expresión, realización) y de consumo (lectura, escucha). Recordemos también a Seymour Papert, para quien los alumnos abordan cualquier saber, ya sea a través de un acercamiento duro (rigor y organización), ya a través de uno blando (improvisación y titubeos). Señalemos, finalmente, que Pierre Vermersch desarrolla la idea según la cual el adulto dispone de registros de funcionamiento distintos, que utilizará según las situaciones. A partir del modelo de Piaget define cuatro registros: actuado (predominio de la acción), figural (principio de representación), concreto y formal (aspectos operativos).

ESTRUCTURALISMO

El método de Piaget procede por recopilación de conductas. Ya sean motrices o verbales, son susceptibles de evolucionar según el problema al que se refieren. Piaget observa que esos comportamientos están organizados. El proyecto piagetiano es el de definir la estructura que las organiza, para una etapa dada.

ETAPAS DEL DESARROLLO

Para Piaget las funciones cognitivas se construyen según un doble proceso de continuidad funcional y de discontinuidad estructural. Las etapas marcan las distintas fases de la construcción de las operaciones mentales. Son esencialmente cuatro:

la sensomotriz (del nacimiento a los 2 años);
la preoperativa (de los 2 a los 6-7 años);
la de las operaciones concretas (de los 6 a los 11 años);
la de las operaciones formales (a partir de los 11-12 años).

Presentan varias características. Siguen un orden sucesivo de las adquisiciones, que es constante. Las propiedades de una etapa se articulan en una estructura de conjunto. Las estructuras construidas en un nivel se integran en el nivel superior, del que constituyen el fundamento. Cada etapa está compuesta de una fase preparatoria y de una fase de conclusión. Las edades indicadas no son ni promedios estrictos ni normas por alcanzar; sirven de puntos de referencia para un orden de sucesión en la construcción operativa. Conviene tomarlas como marcadores flexibles. Las etapas expresan, por lo tanto, un orden de sucesión, y no una edad promedio.

EXPERIENCIA

Según Jean Piaget, la experiencia en el sentido clásico consiste en extraer el saber de la realidad. Pero considerar, como los empiristas, que es la única portadora de conocimiento, significa que el sujeto no desempeña ningún papel activo. Él opina que, incluso con esta hipótesis, la situación requiere un mínimo de acción del individuo a fin de crear la aptitud para leer la experiencia. De ello deduce por lo tanto que la experiencia toma dos formas complementarias: empírica, relativa a los objetos, y lógico-matemática, relativa a la toma de conciencia, por parte del individuo, de sus acciones sobre la realidad. Para este segundo caso el epistemólogo da el ejemplo del niño que va a "alinear unas piedras y descubrir que su número es el mismo al proceder de izquierda a derecha y de derecha a izquierda [. . .] en este caso, ni el orden ni la suma numérica pertenecen a las piedras antes de que sean ordenadas o de que sean contadas" (PP, p. 62).

Extensión

Definir una colección en extensión es nombrar los elementos que componen la clase de los objetos o de los individuos a los cuales se aplican los criterios definidos en la comprensión. Definir en extensión a los alumnos de CP de una escuela es nombrar a todos los alumnos de la escuela que corresponden a los criterios definidos para la pertenencia a esa clase: primer año de escuela elemental, descubrimiento de contenidos disciplinarios en relación con la lectura, probable escolaridad anterior en el jardín de niños, cuasihomogeneidad de clase de edad...

Figurativo

El aspecto figurativo del conocimiento se refiere a la percepción, es decir la toma de información relativa a los estados del objeto. Difiere del aspecto operativo, que se refiere a las transformaciones.

Filogénesis

Se refiere a la formación y la evolución de las especies.

Función simbólica o función semiótica

La función simbólica es la capacidad del niño para diferenciar los significados y los significantes. Piaget también la llama función semiótica "pues abarca no sólo el empleo de los símbolos, sino también y sobre todo el de 'signos' (verbales, etc.) que no son símbolos en sentido estricto" (PPG, p. 89). Se compone de la imitación diferida (reproducción de una conducta observada), del juego simbólico (por ejemplo el niño que, en su juego, finge que come), del dibujo, de la imagen mental y del lenguaje.

Génesis

Es "cierta forma de transformación que parte de un estado A y desemboca en un estado B, siendo el estado B más estable que el estado A" (SP, p. 165). La génesis arranca de un estado inicial, que no es el comienzo, pues la idea de comienzo absoluto no tiene sentido desde un punto de vista epistemológico. Piaget da como ejemplo de génesis la ontogénesis, que en biología desemboca en un estado "relativamente estable": el de adulto.

GRUPO Y AGRUPACIÓN

Piaget llama grupos a las estructuras de conjunto. Los grupos de desplazamientos están ligados a la etapa sensomotriz y atañen a las operaciones espaciales. El grupo INRC (o grupo de las cuatro transformaciones: idéntica, negativa, recíproca y correlativa) es la estructura de conjunto de las operaciones hipotético-deductivas.

Las agrupaciones son los sistemas de conjunto de las operaciones concretas que comprenden estructuras de clases, de relaciones, la combinatoria y la proporcionalidad.

IMAGEN MENTAL

Para Piaget la imagen es imitación interior elaborada por los esquemas sensomotrices. Distingue dos periodos en el desarrollo de las imágenes mentales. Antes de los 7-8 años aquéllas son de naturaleza estática y no son de mucha ayuda para representar las transformaciones. A partir de esa edad, por el contrario, "principia una capacidad de anticipación con imágenes que permite entonces reconstituir los procesos cinéticos o de transformación, e incluso la previsión de las secuencias nuevas y simples" (IMM, p. 421).

IMITACIÓN

La imitación interviene desde los primeros meses de vida, en la etapa sensomotriz. Imitar la realidad exterior es el modo de construir sus representaciones en forma de imágenes, y de desarrollar así la capacidad de evocación. La imitación evoluciona en relación con las etapas del desarrollo. Desempeña un papel en la relación pedagógica a través de la idea de modelos sobre los cuales el alumno se apoya, conscientemente o no.

INCLUSIÓN

Véase CLASIFICACIÓN

INCONSCIENTE COGNITIVO

Piaget define el inconsciente cognitivo como una estructura que pertenece al funcionamiento operativo. El niño sólo está consciente del resultado de la operación, y no de los procedimientos que llevan al resultado. El inconsciente de cognición comprende un mecanismo inhibidor comparable con la represión afectiva. "El niño sabe ejecutar muy pronto la acción que se logra, pero necesita años para cobrar conciencia de ello, como si algún factor se opusiera y mantuviera en el inconsciente ciertos movimientos o incluso ciertas partes intencionales de la conducta, coronada sin embargo por el éxito" (PPG, p. 13).

INFERENCIA

Es el paso de una propuesta a una nueva propuesta. En lógica, la deducción y la inducción son los dos modos inferenciales. La inducción se considera entonces como verificación de hipótesis. Para Jean Piaget el pensamiento lógico se construye durante etapas que llevan a la capacidad interiorizada de deducir y de inducir a partir de enunciados. Es la etapa hipotético-deductiva.

INTELIGENCIA

En sus textos Piaget muestra que la inteligencia es la capacidad del individuo para adaptarse en una perspectiva cognitiva. Existe una forma de adaptación, completamente biológica, fuera del marco aquí definido. La adaptación cognitiva es el conjunto de los procesos de modificación que resultan de la interacción entre individuo y entorno, fundada en la asimilación y el acomodo. La inteligencia, por lo tanto, no está dada. "Se construye por niveles sucesivos de equilibramiento" (SIP, p. 133).

Inteligencia artificial

Se trata de un conjunto de procedimientos y de sistemas que apuntan a simular un razonamiento humano. Uno de los campos de su aplicación es el del dictamen del saber. El sistema experto es un programa que permite efectuar inferencias a partir de conocimientos simples.

En el caso de su utilización en el espacio del aula, predomina la acción del alumno. Si éste quiere emplear la herramienta, tiene que fabricar una parte. Debe concebir y organizar los conocimientos a los cuales se aplicarán las inferencias. También debe transcribirlo en un formalismo elemental. Estas distintas tareas pueden, por su naturaleza, estimular la organización hipotético-deductiva del pensamiento. Por ello es real el beneficio que pueden obtener los alumnos que concluyen el ciclo 3.

Interacción

La noción de interacción está constituida por la relación entre las estructuras del niño y el conocimiento del medio. Dicho de otra manera, es la organización que vincula al individuo con el entorno. El bebé construye su pensamiento al actuar sobre su entorno cercano, y así descubre el mundo. La interacción social es una noción definida por Anne-Nelly Perret-Clermont. Según ella, el enfrentamiento entre pares, momento de expresión de las contradicciones, permite construir un conocimiento más estable.

Interestructuración

Este término puede calificar a un sistema de aprendizaje en que no se privilegia, ni sólo al alumno ni sólo al saber. El aprendizaje resulta de una interacción entre ambos. Esta interacción se vuelve interestructuración cuando la influencia entre formador y alumno, a veces contradictoria, actúa modificando sus estructuras cognitivas.

LÓGICA DE LAS PROPOSICIONES

La lógica de las proposiciones es característica de las operaciones formales. Es posterior a la lógica de las clases y de las relaciones, propias del pensamiento concreto. Existe lógica de las proposiciones cuando hay posibilidad de combinar las proposiciones desde el punto de vista de su verdad (o no verdad). Piaget extrae 16 operaciones proposicionales, como la implicación silogística (sobre el modelo: *si* premisas, *entonces* conclusión), como el *o* excluyente (o bien/ya sea. . .), la equivalencia, etc. En los ARL varios ejercicios atañen a esta operación lógica. Éste es un ejemplo: tengo una colección de figuras redondas o amarillas. Me dan una figura en forma de rectángulo; lo coloreo de amarillo; ¿pertenecerá a la colección?

METACOGNICIÓN

Numerosos estudios se interesan en la reflexión del alumno acerca de su propio funcionamiento cognitivo. El pionero contemporáneo es John Flavell. Para él la metacognición es el conocimiento que tiene un individuo acerca de sus procesos cognitivos y de sus productos. Permitirles a los alumnos que entiendan sus pasos, dándoles a éstos más importancia que a los meros resultados, va en este sentido. La metacognición, según Flavell, es vecina de la toma de conciencia según Piaget.

MÉTODO ACTIVO

En didáctica, el método es el procedimiento que liga la tríada alumno, profesor, saber. Un método activo funda el aprendizaje en el principio de interacción alumno-saber, en el que la enseñanza tiene un papel mediador. El alumno es actor directo de la construcción del saber. Para evitar una confusión frecuente hay que recordar el sentido del adjetivo "activo". Bärbel Inhelder dice: "ser activo cognitivamente no se reduce, por supuesto, a una manipulación cualquiera; puede haber actividad mental sin manipulación, del mismo modo que puede haber pasividad al manipular" (1974, p. 44). El método activo se opone a los métodos de acumulación, de reproducción o de revelación.

MÉTODO CLÍNICO

"Una palabra espontánea en un niño vale más que todas las preguntas", decía Piaget (JM, p. VII). Sin embargo, añadía que se necesita el método interrogativo para situar de nuevo la palabra del niño en una auténtica perspectiva de estudio. El método clínico, empleado por Piaget y sus colaboradores, consiste en establecer una relación adulto-niño en torno a un material propio del campo de observación. El intercambio verbal es inducido por la manipulación. En todos los textos de Piaget dedicados al estudio de una cuestión se retranscriben sistemáticamente las entrevistas (material empleado, preguntas inductoras del adulto, repuestas del alumno, interpretaciones).

MODIFICABILIDAD

Es el hecho de considerar como posible la evolución cognitiva de un individuo, cualquiera que sea su estado. Después es el hecho de desarrollar su capacidad de aprender a aprender con procedimientos apropiados. El PEI de Feuerstein, los ARL de Higelé, la gestión mental de La Garanderie, pronostican el mismo principio de evolución. Más que Jean Piaget, Bärbel Inhelder se interesó en esta cuestión: "al alimentar los esquemas del sujeto, logramos apresurar su desarrollo cognitivo" (1974, p. 295). La modificabilidad se llama también educabilidad o perfectibilidad.

ONTOGÉNESIS

Este término expresa el proceso del crecimiento y el desarrollo del individuo.

OPERACIÓN

"Una operación es una acción reversible" (LP, p. 76). La actividad mental es capaz de reversibilidad. Es, por ejemplo, la capacidad de efectuar un ordenamiento con varios objetos, previa preparación interior y considerando otros ordenamientos posibles. La operación no es, por lo tanto, una simple representación de la acción. Es significante y se integra a un proyecto. Las operaciones concretas y formales presentan las mismas características: reversibilidad, interiorización y articulación a una estructura de conjunto.

OPERACIONES INFRALÓGICAS Y LÓGICO-MATEMÁTICAS

Hay dos tipos de operaciones, indiferenciadas durante el periodo preoperativo. Las infralógicas atañen al objeto y sus atributos específicos. Las lógico-matemáticas atañen al objeto en sus relaciones con los demás objetos y su pertenencia a una clase. El color azul del cubo que el niño sostiene en sus manos depende de la infralógica. El hecho de que el niño guarde el cubo en una caja con otros sólidos idénticos depende de lo lógico-matemático.

OPERATIVO

El aspecto operativo del conocimiento atañe a la acción, es decir "la construcción del conocimiento lógico-matemático" (Bronckart). Se refiere a los cambios de estado, a las transformaciones que alimentan al desarrollo. Es distinto del aspecto figurativo.

PENSAMIENTO

Para Piaget la inteligencia adopta dos formas complementarias. La inteligencia sensomotriz fundada en la acción directa, y la inteligencia representativa que está interiorizada gracias a la función simbólica y luego al desarrollo de los esquemas operativos. La epistemología llama pensamiento a esta segunda forma de inteligencia.

"La permanencia del objeto es el hecho de que el objeto que desaparece del campo perceptivo se concibe como algo que sigue existiendo" (CLP, p. 40). Hacia los 12 meses la representación del objeto le permite al niño tomar en cuenta los desplazamientos invisibles. Al liberarse de la percepción, concibe la permanencia del objeto, es decir su conservación, y la posibilidad de encontrarlo, ya que, aun invisible, sigue existiendo.

PROPORCIONALIDAD

La proporcionalidad puede ser cualitativa o cuantitativa. La proporcionalidad formal asegura la comprensión de las relaciones lógico-matemáticas, de las fracciones y de las probabilidades. Es el motivo por el cual se aborda al final del ciclo 3 y en el liceo.

RAZONAMIENTO

El razonamiento se comprende en dos sentidos. Por una parte, designa la acción de razonar, por ejemplo, producir inferencias. Por otra, concierne al producto de esta acción. Según Oléron (1989), la validez del razonamiento y las reglas que permiten dirigir la inferencia dependen del terreno de la lógica. En cambio, el modo como se desarrolla el razonamiento (independientemente de su validez), y las conductas desarrolladas por el individuo para este efecto, dependen de la psicología.

REAL

Lo real es distinto de la realidad simplemente observable. Lo real se entiende, en el sentido piagetiano, como el medio —es decir los individuos, los objetos, los acontecimientos— estructurado gracias a los esquemas de acción.

REPRESENTACIÓN

La representación se entiende en dos sentidos. Se trata primero de la imagen mental, imitación del objeto real (imagen visual, táctil, acústica. . .). Se trata luego del pensamiento. En este caso, la actividad de representación se funda en la construcción de los objetos con el pensamiento. Para Piaget la representación empieza "cuando hay de modo simultáneo diferenciación y coordinación entre 'significantes' y 'significados' o significaciones" (FS, p. 7).

Reversibilidad

Es la adquisición estable de la triple capacidad de hacer, deshacer y rehacer una acción motriz o interiorizada. En la etapa sensomotriz, la acción es invertible: partir de A, ir a B y volver al punto A. La reversibilidad lógica es el potencial mental de inversión o de anulación de una acción interiorizada. Se elabora en la etapa operativa. Por ejemplo, es hacer, deshacer y rehacer un rompecabezas en el ciclo 2. Es entender la significación de una situación sustractiva en el ciclo 3. En la etapa formal (después de los 12 años) Piaget habla de doble reversibilidad expresada por la estructura INRC: transformaciones idéntica (I), inversa o negación (N), recíproca (R) y correlativa (C).

Símbolo

El símbolo es una imagen "que comprende una significación a la vez distinta de su contenido inmediato, y con tales características, que hay un parecido más o menos directo entre el significante y el significado" (FS, p. 179). Piaget, en este texto en el que a menudo establece un paralelo entre sus tesis y las del psicoanálisis, distingue el símbolo consciente, cuya significación es entendida por el sujeto, y el símbolo inconsciente, cuya significación inmediata se le escapa al sujeto. Para ilustrar el primer caso, habla del niño "que convierte a una concha sobre una caja en un gato sobre un muro" (*ibidem*, p. 181). El niño es consciente, ya que al sostener la concha verbaliza "gato". Para ilustrar la segunda categoría de símbolos, toma el ejemplo del niño, celoso del nacimiento de un hermanito, que juega con dos muñecas y manda de viaje, muy lejos, a la más pequeña. Si no entiende que se trata de su hermano menor y de él mismo, "diremos entonces que hay símbolo inconsciente" *(idem)*. El símbolo inconsciente es una imagen cuyo contenido "es asimilado a los deseos" del niño, pero cuya significación permanece incomprendida.

Sistema cognitivo

Jean Piaget, en los últimos textos que redactó, considera que el sistema cognitivo de cada individuo se descompone en dos

aspectos complementarios. El primero es el sistema presentativo, formado de estructuras estables. Se refiere al sujeto epistémico en su búsqueda de comprensión de lo real. El segundo
es el sistema de procedimientos marcado por la movilidad. Se
refiere al sujeto psicológico que intenta tener éxito, "a satisfa-
cer por lo tanto unas necesidades a través de invenciones o de
transferencias de procedimientos" (PN, 1, p. 8).

Sujeto epistémico

El sujeto epistémico es el individuo cognoscente. Piaget lo distingue del sujeto individual, o psicológico, que es el individuo
actuante, con características cognitivas propias. Uno y otro actúan complementaramente y forman el sistema cognitivo.

Toma de conciencia

Las operaciones no tienen un carácter innato; se desarrollan
de modo permanente por abstracción reflejante. El esquema
inicial se refleja en un nivel mental superior, así se amplifica
y se coordina con otros esquemas, y facilita no sólo la toma de
conciencia por parte del individuo acerca de su acción, sino
también la de su interiorización.

Transducción

La transducción es el razonamiento del niño que precede al
razonamiento lógico. La transducción no procede a la generalización. El pensamiento transductivo únicamente concierne
a lo particular y no establece diferencias entre el objeto y la
clase. Un niño pequeño que considera que el pájaro que ve
hoy en su jardín es el mismo que el que observó en sus últimas vacaciones en casa de la abuela, o que el que vio la vís-
pera en la televisión, realiza una transducción.

Transitividad

La transitividad consiste en establecer relaciones entre objetos. En el conjunto de los naturales, la relación "es divisible

por" es transitiva: si a divide a b, si b divide a c, entonces a divide a c. La doble transitividad es un seriamiento biunívoco. El árbol genealógico es una operación que supone la coordinación de clases múltiples y la transitividad generalizada. La situación que sigue depende de la transitividad: un libro de fotografías es más caro que una novela; una historieta es menos cara que una novela; ¿cuál es el libro menos caro?; ¿cuál es el más caro?; ordenar los libros del menos caro al más caro.

ELEMENTOS DE BIBLIOGRAFÍA

LIBROS DE PIAGET

Principales publicaciones de Jean Piaget

1923 *Le langage et la pensée chez l'enfant*, Neuchâtel y París, Delachaux y Niestlé.

1924 *Le jugement et le raisonnement chez l'enfant*, Neuchâtel y París, Delachaux y Niestlé.

1926 *La représentation du monde chez l'enfant*, París, Alcan.

1927 *La causalité physique chez l'enfant*, París, Alcan.

1932 *Le jugement moral chez l'enfant*, París, Alcan.

1936 *La naissance de l'intelligence chez l'enfant*, Neuchâtel y París, Delachaux y Niestlé.

1937 *La construction du réel chez l'enfant*, Neuchâtel y París, Delachaux y Niestlé.

1942 *Classes, relations et nombres*, París, Vrin.

1945 *La formation du symbole chez l'enfant*, Neuchâtel y París, Delachaux y Niestlé.

1946a *Le développement de la notion de temps chez l'enfant*, París, PUF.

1946b *Les notions de mouvement et de vitesse chez l'enfant*, París, PUF.

1947 *La psychologie de l'intelligence*, París, Armand Colin.

1949 *Traité de logique*, París, Armand Colin.

1950 *Introduction à l'épistémologie génétique*, París, PUF, 3 volúmenes.

1952 *Essai sur les transformations des opérations logiques*, París, PUF.

1961 *Les mécanismes perceptifs*, París, PUF.

1964 *Six études de psychologie*, Ginebra, Gonthier.

1965a *Sagesses et illusions de la philosophie*, París, PUF.

1965b *Études sociologiques*, Ginebra, Droz.

1967 *Biologie et connaissance*, París, Gallimard.

1968 *Le structuralisme*, París, PUF.

1969 *Psychologie et pédagogie*, París, Denoèl-Gonthier.

1970a *L'épistémologie génétique*, París, PUF.

1970b *Psychologie et épistémologie*, París, Denoèl-Gonthier.

1972a *Essai de logique opératoire*, París, Dunod (edición revisada de TL, publicado en 1949).

1972b *Problèmes de psychologie génétique*, París, Denoèl-Gonthier.
1972c *¿Où va l'éducation?*, París, Denoèl-Gonthier.
1976 *Le comportement moteur de l'évolution*, París, Gallimard.

Principales publicaciones de Jean Piaget en colaboración

1941a Con A. Szeminska, *La genèse du nombre chez l'enfant*, Neuchâtel y París, Delachaux y Niestlé.
1941b Con B. Inhelder, *Le développement des quantités physiques chez l'enfant*, Neuchâtel y París, Delachaux y Niestlé.
1948a Con B. Inhelder, *La représentation de l'espace chez l'enfant*, París, PUF.
1948b Con B. Inhelder y A. Szeminska, *La géométrie spontanée chez l'enfant*, París, PUF.
1951 Con B. Inhelder, *La genèse de l'idée de hasard chez l'enfant*, París, PUF.
1955 Con B. Inhelder, *De la logique de l'enfant à la logique de l'adolescent*, París, PUF.
1957 Con colaboradores del Centre d'Épistémologie Génétique, *Études d'épistémologie génétique* (tomos I al XXXVII a partir de 1957), París, PUF, 37 volúmenes.
1959 Con B. Inhelder, *La genèse des structures logiques élémentaires*, Neuchâtel y París, Delachaux et Niestlé.
1963-1965 Con P. Fraisse, *Traité de psychologie expérimentale*, París, PUF, 8 volúmenes.
1966a Con B. Inhelder, *La psychologie de l'enfant*, París, PUF.
1966b Con B. Inhelder, *L'image mentale chez l'enfant*, París, PUF.
1967 *Logique et connaissance scientifique* (J. Piaget, comp.), París, Gallimard.
1968 Con B. Inhelder, *Mémoire et intelligence*, París, PUF.
1974a Con colaboradores del Centre d'Épistémologie Génétique, *La prise de conscience*, París, PUF.
1974b Con colaboradores del Centre d'Épistémologie Génétique, *Réussir et comprendre*, París, PUF.
1979 Texto que retoma el debate de Royaumont, *Théories du langage, théories de l'apprentissage*, París, Seuil.
1980 Con colaboradores del Centre d'Épistémologie Génétique, *Les formes élémentaires de la dialectique*, París, Gallimard.
1981-1983a Con colaboradores del Centre d'Épistémologie Génétique, *Le possible et le nécessaire*, París, PUF, 2 volúmenes.
1981-1983b Con R. García, *Psychogenèse et histoire des sciences*, París, Flammarion.

1987 *Psychologie* (J. Piaget, P. Mounoud y J.-P.Bronckart, comps.), París, Gallimard.

BIBLIOGRAFÍA COMPLEMENTARIA

Alain, *Propos sur l'éducation*, París, PUF, 1972.

Bachelard, G., *La formation de l'esprit scientifique*, París, Vrin, 1993.

Barlow, M., *Le travail en groupe des élèves*, París, Armand Colin, 1993.

Barth, B.-M., *L'apprentissage de l'abstraction*, París, Retz, 1987.

——, *Le savoir en construction*, París, Retz, 1993.

Bideau, J. y O. Houdé, *Cognition et développement: Boîte à outils théoriques*, Berna, Peter Lang, 1991.

Bower, T. G. R., "Les fonctions d'organisation des conduites et des données", en J. Piaget *et al.*, *Psychologie*, pp. 370-416, 1987.

Bringuier, J.-C., *Conversations libres avec Jean Piaget*, París, Laffont, 1977.

Claparède, E., *L'éducation fonctionnelle*, Neuchâtel y París, Delachaux y Niestlé, 1968.

Dewey, J., *Expérience et éducation*, París, Armand Colin, 1968.

Dollé, J.-M., *Pour comprendre Piaget*, Tolosa, Privat, 1974.

Dollé, J.-M. y D. Bellano, *Ces enfants qui n'apprennent pas*, París, Centurion, 1989.

Droz, R. y M. Rahmy, *Lire Piaget*, Bruselas, Pierre Mardaga, 1978.

Ducret, J.-J., "Piaget et l'épistémologie de la psychanalyse", *Archives de Psychologie*, 52, pp. 133-146, 1984.

——, *Jean Piaget, biographie et parcours intellectuel*, Neuchâtel y París, Delachaux y Niestlé, 1990.

Dumont, Schuster, *Jouer à raisonner*, París, Éditions d'Organisation, 1988.

Engel, P., *Philosophie et psychologie*, París, Gallimard, 1996.

Freud, S., *Essais de psychanalyse*, París, Payot, 1964.

Gréco, P., "Enfance", *Encyclopædia Universalis*, corpus 8, pp. 339-345, 1989.

——, "Jean Piaget", *Encyclopædia Universalis*, corpus 18, pp. 295-298, 1989.

Houssaye, J., *La pédagogie: Une encyclopédie pour aujourd'hui*, París, ESF, 1993.

Inhelder, B., "Des structures aux processus", en J. Piaget, *et al.*, *Psychologie*, pp. 655-679, 1987.

Inhelder, B., H. Sinclair y M. Bovet, *Apprentissage et structures de la connaissance*, París, PUF, 1974.

Inhelder, B., G. Cellérier y colaboradores, *Le cheminement des découvertes de l'enfant*, Neuchâtel y París, Delachaux y Niestlé, 1992.

Lerbet, G., "Le système personnel de pilotage de l'apprentissage", en M. Sorel (comp.), *Pratiques nouvelles en éducation et en formation —L'éducabilité cognitive*, París, L'Harmattan, pp. 223-233, 1994.

Le Moigne, J.-L., *Les epistémologies constructivistes*, París, PUF, 1995.

Lurcat, L., *L'enfant et l'espace*, París, PUF, 1979.

Meirieu, P., *La pédagogie entre le dire et le faire*, París, ESF, 1995.

Oléron, P., *Le raisonnement*, París, PUF, 1989.

Papert, S., *Jaillissement de l'esprit*, París, Flammarion, 1981.

——, *L'enfant et la machine à connaître*, París, Dunod, 1994.

Perraudeau, M., *Les cycles et la différenciation pédagogique*, París, Armand Colin, 1994.

——, *Les méthodes cognitives: Apprendre autrement à l'école*, París, Armand Colin, 1996.

Perret-Clermont, A.-N., *Construction de l'intelligence dans l'interaction sociale*, Berna, Peter Lang, 1981.

Planchon, H., *Réapprendre les maths— Théorie et pratique du réapprentissage*, París, ESF, 1989.

Ramozzi-Chiarottino, Z., *De la théorie de Piaget à ses applications*, París, Centurion, 1989.

Rey, B., *Les compétences transversales en question*, París, ESF, 1996.

Richard, J.-F., *Les activités mentales: Comprendre, raisonner, trouver des solutions*, París, Armand Colin, 1990.

Schwebel, M. y J. Raph, *Piaget á l'école*, París, Denoèl/Gonthier, 1976.

Tran-Thong, *Stades de développement de l'enfant dans la psychologie contemporaine*, París, Vrin, 1980.

Vermersch, P., "Expliciter l'expérience", *Éducation Permanente*, 100-101, pp. 123-132, 1989.

——, "Questionner l'action: L'entretien d'explicitation", *Psychologie Française*, 35-3, pp. 227-235, 1990.

Vygotski, L. S., *Pensée et langage*, París, Éditions Sociales, 1985.

Watson, J. S., "La mémoire dans la petite enfance", en J. Piaget *et al.*, *Psycologie*, pp. 463-495, 1987.

Wittgenstein, L., *Tractatus logico-philosophicus*, París, Gallimard, 1993.

Xypas, C., "L'éducation, source de la morale et de la religion dans la pensée piagétienne", *Nova et Vetera*, Friburgo, 1993, 3, pp. 205-217.

Zazzo, R., *La vie et l'œuvre d'Henri Wallon, Psychologie et marxisme*, París, Denoèl, 1975.

——, *Où en est la psychologie de l'enfant?*, París, Gallimard, 1988.

ÍNDICE

Este libro se terminó de imprimir y encuadernar en el mes de abril de 2001 en Impresora y Encuadernadora Progreso, S. A. de C. V. (IEPSA), Calz. de San Lorenzo, 244; 09830 México, D. F. Se tiraron 2 500 ejemplares.